Die schönsten

Handarbeiten

zum Verschenken

FALKEN
SACHBUCH

Bärbel Wenzelburger

Die schönsten Handarbeiten zum Verschenken

FALKEN VERLAG

Im Falken-Verlag ist ein weiteres Buch mit Geschenkideen erschienen:
»Schöne Geschenke selbermachen« (Nr. 4128)

CIP-Kurztitelaufnahme der Deutschen Bibliothek

Wenzelburger, Bärbel:
Die schönsten Handarbeiten zum Verschenken / Bärbel Wenzelburger. –
Niedernhausen/Ts.: Falken-Verlag, 1986.
(Falken-Bücherei)
ISBN 3-8068-4225-6

ISBN 3 8068 4225 6

Titelbild: Photo-Design Studio Burock, Wiesbaden-Naurod

Satz: Neuwieder Verlagsgesellschaft mbH, Neuwied
Druck: Mohndruck Graphische Betriebe GmbH, Gütersloh

817 2635 4453 6271

Inhalt

Geschenke für das Kind

Geschenke für die Dame

Geschenke für den Herrn

Geschenke zu jeder Gelegenheit

Geschenke für das Kind

Geknüpftes für das Kinderzimmer

Mit der Smyrna-Nadel können mühelos und schnell die schönsten Handarbeiten in einer Art Stechtechnik hergestellt werden.

Teppich, aus sechs Motiven zusammengesetzt

Material	
Smyrna-Nadel	je Quadrat
Holzrahmen zum Spannen	200 g Sportwolle für
Reißbrettstifte	Nadelstärke 3,5–4
Kopierpapier	je Quadrat 45 × 45 cm
Schere	Aidastoff

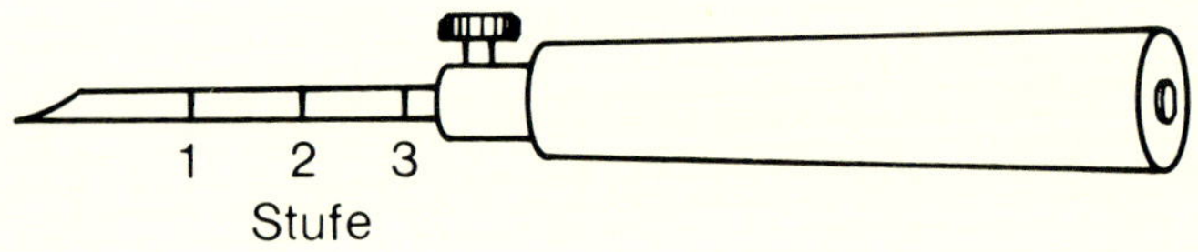

Die Smyrna-Nadel

Die Smyrna-Nadel besteht aus einem Holzgriff und einem Messingrohr. Das Messingrohr ist durch eine Schraube stufenlos verstellbar; die Länge des Messingrohrs bestimmt die Florhöhe.

Spannen Sie zuerst die auf Aidastoff aufgezeichnete Vorlage straff auf einen Holzrahmen. Der Rahmen braucht nicht unbedingt die Größe der Vorlage zu haben, da Sie die Arbeit jederzeit vom Rahmen lösen können. Das aufgezeichnete Muster stellt die linke Stoffseite (Arbeitsseite) dar.

Nun stechen Sie die eingefädelte Smyrna-Nadel senkrecht in den Stoff ein (bis zum Anschlag an die Messingkappe), ziehen den Fadenanfang nach unten auf die rechte Stoffseite und lassen ihn 3–4 cm hängen. Langsam die Nadel zurückziehen und zum nächsten Stichloch führen. Achten Sie darauf, daß Sie die Nadel nicht vom Stoff abheben. So Stich um Stich von links nach rechts (in Schreibrichtung) arbeiten. Dabei bilden sich auf der rechten Stoffseite Schlingen, die nach jeder fertigen Reihe aufgeschnitten werden.

Wollen Sie die Arbeit unterbrechen oder die Wollfarbe wechseln, bleibt die Nadel bis zum Anschlag in der Vorlage stecken. Schneiden Sie den Arbeitsfaden auf der rechten Seite in Florhöhe ab und ziehen Sie dann erst die Smyrna-Nadel heraus. Ist das Teil fertig »gestochen«, so werden die Stoffränder nach innen umgeschlagen und angenäht.

Um eine gute Haltbarkeit zu gewährleisten, werden Arbeiten, die stark strapaziert werden, von links leicht appretiert. Verwenden Sie dazu einen elastischen Kleber, der mit Wasser verdünnt wird.

Die Motivvorlagen finden Sie im Anhang S. 116.

Stechen Sie die Nadel bis zum Anschlag in den Stoff

Max und Moritz: Motiv für ein Kinderbadezimmer

Auf der Vorderseite bilden sich Schlingen

Die Schlingen aufschneiden

Ideal zum Sitzen und Spielen: der Würfel aus Hartschaumgummi

Hübsche Kinderdecke in der Patchworktechnik

Der gezeigte Kinderquilt hat 12 Grundblöcke, die mit aufgenähten Motiven verziert wurden.

Als Applikationen eignen sich sowohl die traditionellen Muster aus dem amerikanischen Patchwork wie auch selbst entworfene Motive.
Die 12 Applikationen werden Block für Block durchgeführt. Schneiden Sie zuerst das jeweilige Motiv zu und heften Sie die Teile auf den Grundstoff. Dabei die Kanten knapp einschlagen. Mit dem hohlen Saumstich (Blindstich) werden nun die Applikationen auf dem Grundstoff befestigt.
Die Blöcke werden dann mit einer ca. 6 cm breiten Borte eingefaßt und mit Hilfe von 2 weiteren Borten (11 cm und 18 cm breit) auf die gewünschte Deckengröße verbreitert. Die fertige Oberseite wird auf die Lagewatte geheftet. Um ein Verrutschen zu vermeiden und die Haltbarkeit der Decke zu vergrößern, versehen Sie die Decke mit Quiltstichen (Steppstich).
Nun den Rückseitenstoff rechts auf rechts bis auf eine Öffnung dagegennähen.
Nach der Fertigstellung dieses Arbeitsganges die Decke auf rechts wenden, von Hand die offene Seitennaht schließen und entlang der äußersten Borte von rechts abquilten.

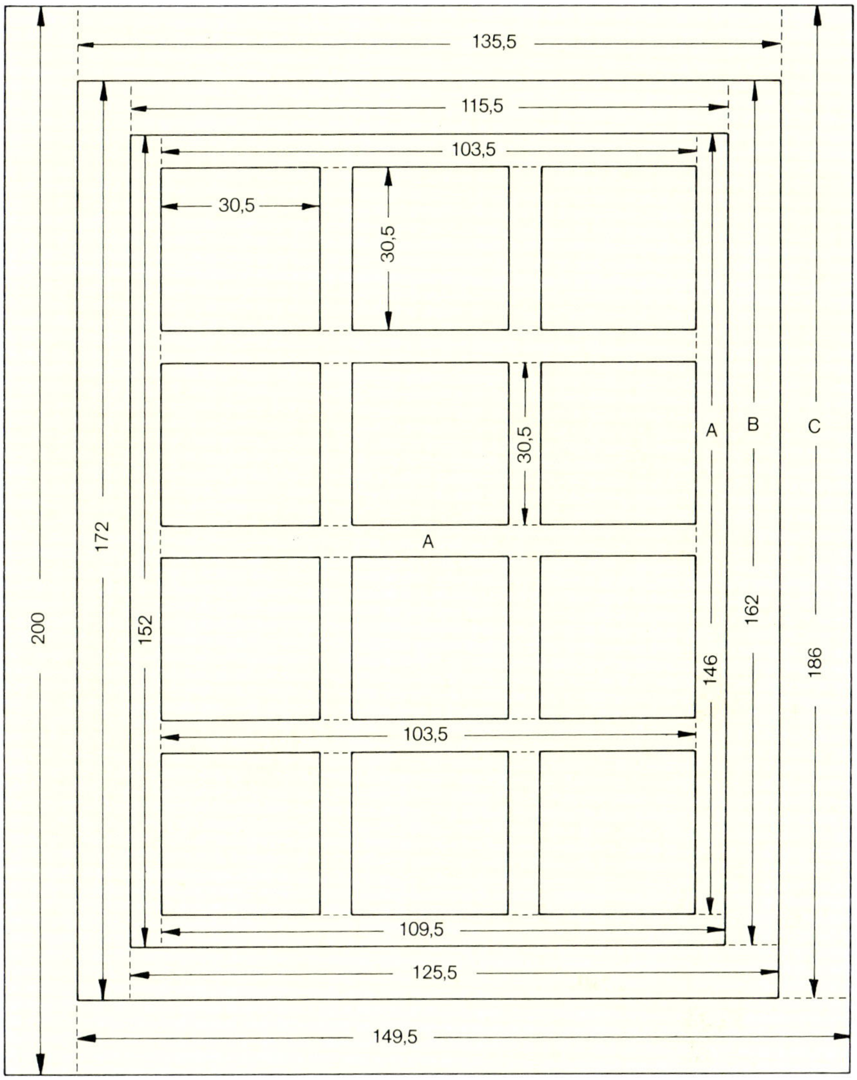

Schemazeichnung zum Berechnen des Stoffverbrauchs

Material
2,50 × 1,70 m Lagewatte
3mal 70 cm unifarbene Stoffe
Baumwollstoffreste
1 m Stoff für die 1. Borte
1 m Stoff für die 2. Borte
1,75 m Stoff für die 3. Borte
0,5 m Stoff für die Zwischenquadrate
2mal 2,1 × 1,65 m unifarbener Stoff für die Rückseite (alle Angaben für Stoffe mit einer Breite von 1,10 m)

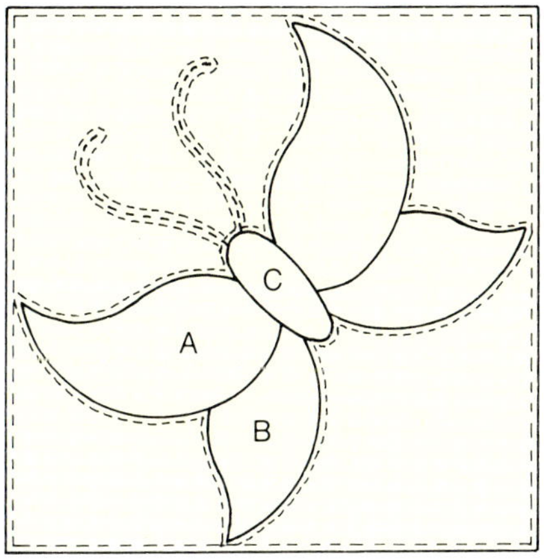

Traditionelle Motive: Schmetterling…

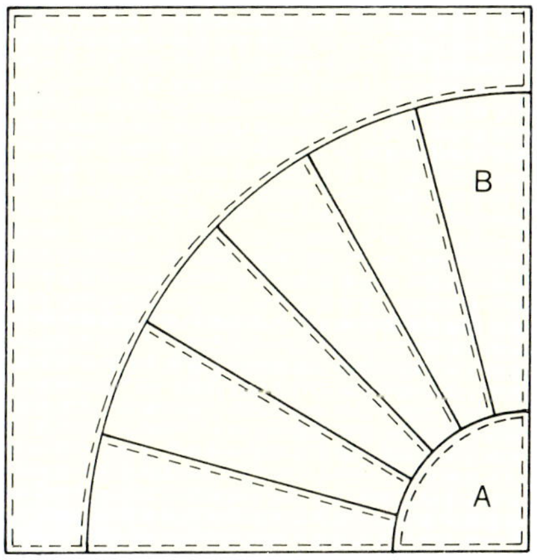

… und Großmutters Fächer

Ein Wandbehang mit Applikationen

In den schönen, großen Beuteln der Känguruhs können viele Spielsachen verschwinden.

Känguruhs auf einer bunten Wiese

Material	
55 × 100 cm Leinen	Nähutensilien
Stoffreste in verschiedenen Größen und Farben	Textilklebstoff
	Holzstange, ca. 110 cm lang
	schwarzer Filzstift

Säumen Sie zuerst den Leinenstoff. Die Schemazeichnung der Motive können Sie mit Hilfe eines Rasters oder über den Kopierer vergrößern.
Aus den bunten Stoffresten die einzelnen Motive zuschneiden und mit großen Stichen auf den Grundstoff heften. Dabei beginnen Sie zweckmäßigerweise mit dem Hintergrund (Himmel und Wiese). Nun werden die einzelnen Teile mit engem Zickzackstich auf der Nähmaschine festgenäht und die kleineren Teile mit Textilkleber befestigt. Den unteren Wiesenrand nicht ganz feststeppen, damit in den entstandenen Taschen Spielzeug aufgehoben werden kann.
Nun schneiden Sie die beiden Känguruhs aus und nähen diese mit den beiden bunten Beuteln auf. Mit Textilkleber die Blumen, Blätter und Augen aufkleben oder mit kleinen Stichen festnähen. Zum Schluß zeichnen Sie mit einem schwarzen Filzstift innerhalb der Känguruhkörper einige Konturen nach.
Für die Schlaufen, durch die zum Aufhängen die Holzstange geschoben wird, schneiden Sie 4mal einen Streifen von 10 × 20 cm zu. Falten Sie nun die Stoffstreifen der Länge nach zusammen, und steppen Sie die Längskante auf der Nähmaschine zu. Nachdem die Schlaufen gewendet sind, werden sie von hinten unsichtbar am Wandbehang festgenäht.

Kopiervorlage für den Wandbehang

Puppenkinder zum Liebhaben

Puppen sind auch heute noch das liebste Kinderspielzeug, und es muß nicht immer eine gekaufte Puppe sein. Viel schöner sind selbst hergestellte.

Die Puppenstube

Material
1 Kunststoffmaske, unbezogen
1 Stricknadel, Nr. 4
1 Wattekugel 30 mm ∅
25 cm Feintrikot im Schlauch (1,60 m breit)
200 g Acrylwatte
Perücke oder Fell
Augenmalfarbe, Puderrouge
Weißleim, Nähutensilien
Hautfarbenes Nähgarn

Dem Anfänger ist zu empfehlen, noch eine zweite, bereits bezogene Maske zum Üben der Bemalung zu kaufen.
Die Schnitte der Körperteile finden Sie im Anhang S. 117.

Material für die Kleidung
bunte Stoffreste
kleiner Reißverschluß oder Druckknöpfe
Bortenreste
rundes Gummiband

Und so entsteht eine Puppe: Kopieren Sie die Schnittstelle und legen Sie die Teile auf den Trikotstoff. Beine und Arme werden doppelt zugeschnitten, Vorder-, Rücken- und Kopfteil einfach. Es ist völlig ausreichend, wenn Sie die Teile mit dem geraden Stich zusammennähen. Achten Sie auf die Nahtlinien, die überall gleich groß sein sollten.
Für den Körper das Körperteil 4mal der Länge nach auf die Watte legen und diese abschneiden. Denselben Streifen nochmal zuschneiden und halbieren.
Mit dem Daumen die Watte gleichmäßig in das Körperteil hineindrücken, evtl. mit einer Schere die Watte bis nach unten einschieben und ein Sitzfleisch formen. Sie müssen nicht unbedingt alle Watte in den Körper stopfen. Es soll jedoch genügend Watte zur Verfügung stehen, um den Körper glatt und fest zu bekommen.
Für die Beine jeweils die volle Breite der Watte in der Länge des Beinchens abschneiden. Mit der Schere den Wattestreifen in den Stoff einschieben, dann den Stoff glattstreichen. Achten Sie darauf, daß keine »Krampfadern« entstehen. Das Stopfen ist leichter, wenn die Wattestreifen schmaler geschnitten werden.
Für die stehende Puppe sollten die Beinteile oben flach geformt und mit dem Matratzenstich in ovaler Form an den Rumpf angenäht werden. Die Beine der sitzenden Puppe müssen zunächst 1 cm eingeschlagen und wie gezeigt zusammengenäht werden.
Für einen Arm 1mal die volle Breite der Watte abschneiden. Eine Stricknadel mit etwas Watte umwickeln und so die Watte in den Daumen schieben. Nun wieder mit der Schere die Arme fertig stopfen. Beim Stopfen schon eine rechte und linke Hand formen. Da die Puppe viel an- und ausgezogen werden soll, nähen Sie die Arme locker an den Körper. Bei der Babypuppe sollten die Däumchen etwas zum Bauch hin gerichtet sein.

Nähen Sie mit dem Steppstich

Schneiden Sie die Watte zu

Der Körper wird mit der Watte gefüllt

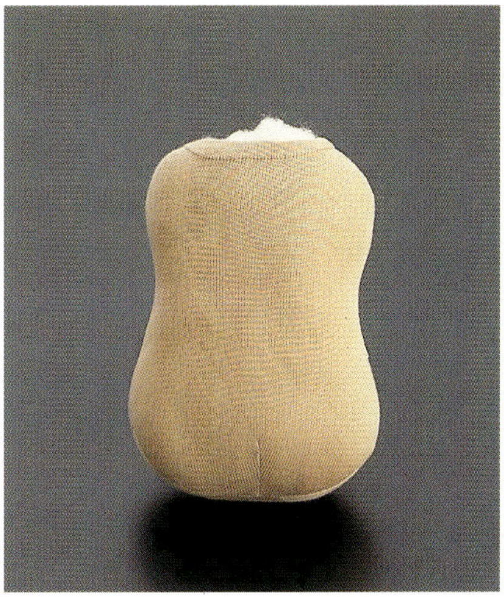

So fest sollte der Rumpf gestopft sein

In der Länge des Beinchens die Watte zuschneiden

Mit Hilfe einer Schere das Bein ausstopfen

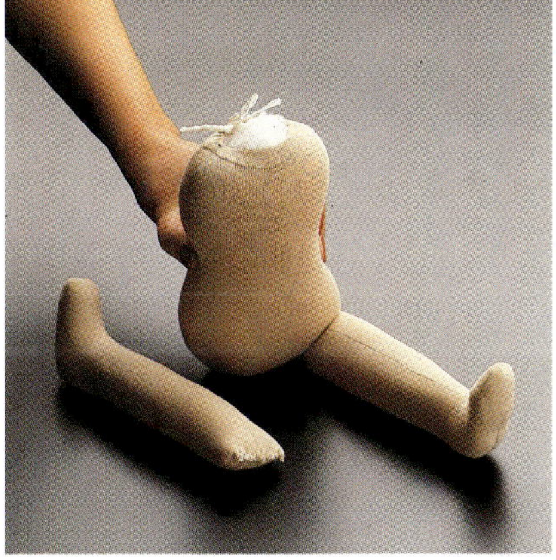

So schließen Sie die Beine für eine sitzende Puppe

Die Watte für die Arme zuschneiden

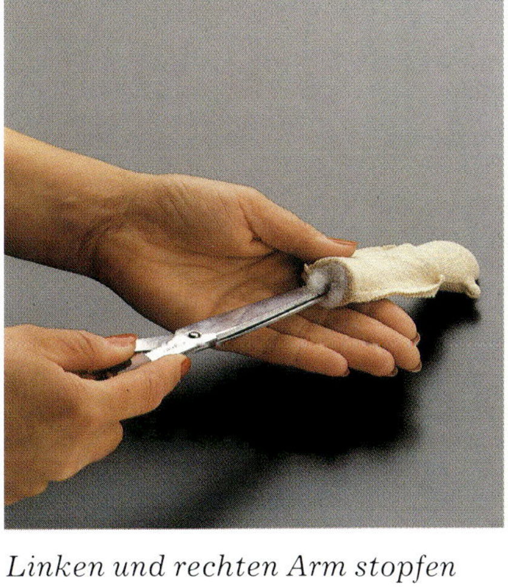

Linken und rechten Arm stopfen

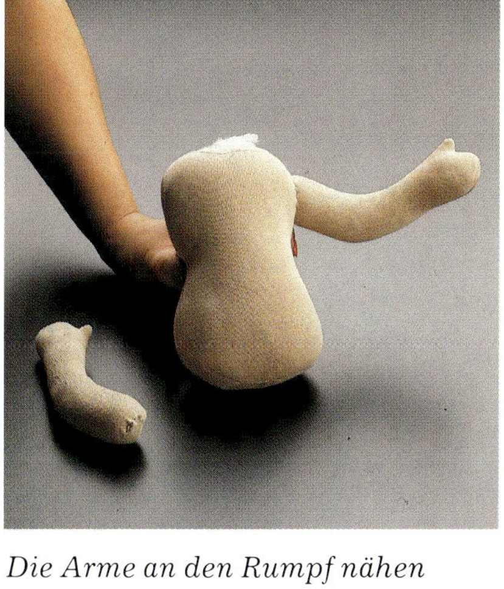

Die Arme an den Rumpf nähen

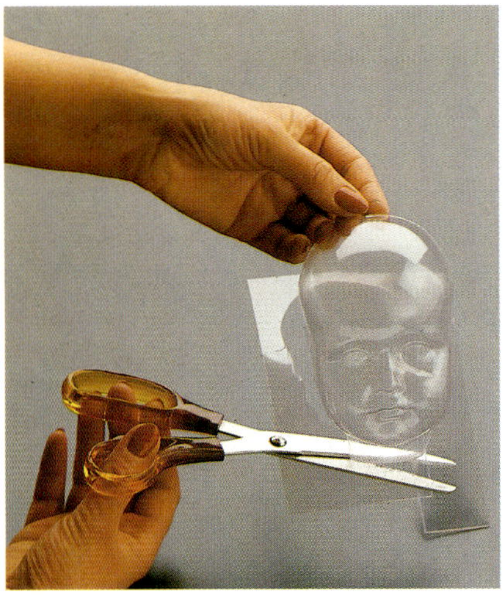

Die Maske vorsichtig ausschneiden…

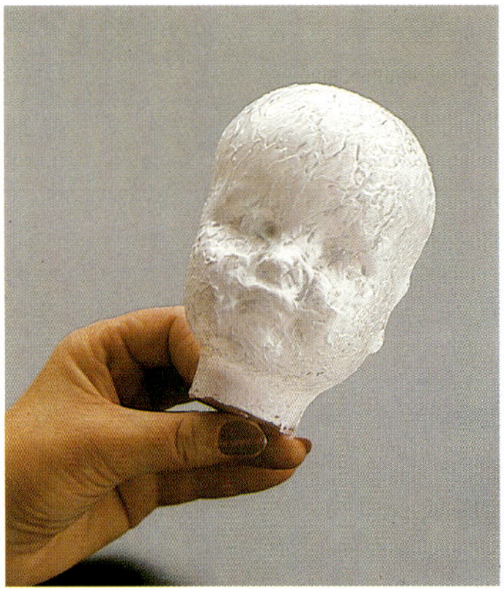

… und mit Weißleim bestreichen

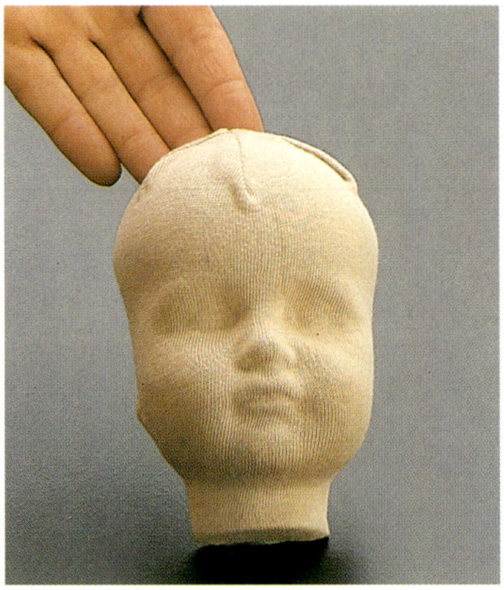

Den Stoff straff über die Maske ziehen

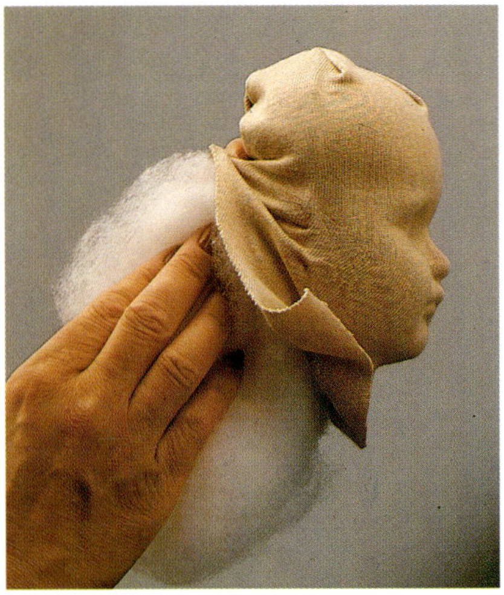

Die Maske mit Watte ausstopfen

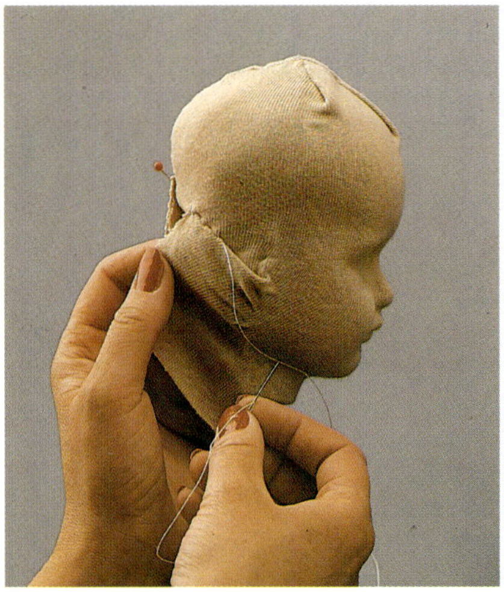

Seitlich den Stoff zusammenfassen

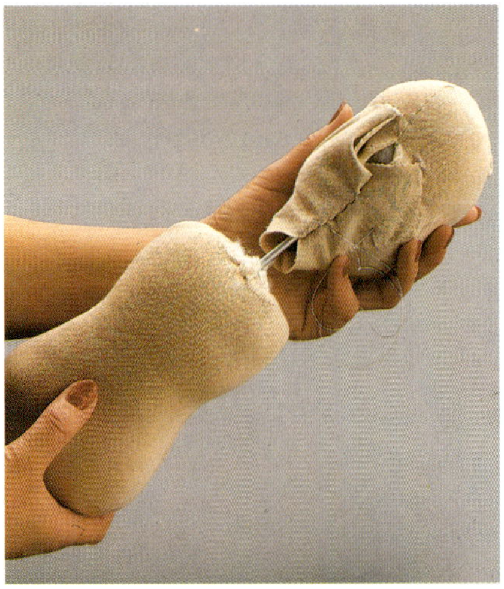

Eine Stricknadel ist das Rückgrat

Schneiden Sie die Kunststoffmaske den Konturen nach aus. Achten Sie beim Ausschneiden darauf, daß die Schnittlinie keine Zacken aufweist. Mit den Fingern verteilen Sie nun gleichmäßig den Weißleim auf der Maske. Den überflüssigen Leim tupfen Sie mit Küchenkrepp aus den Vertiefungen heraus.

Nun schieben Sie die Kunststoffmaske in das zugenähte Stoffteil ein. Achten Sie darauf, daß der Fadenlauf des Stoffes senkrecht über das Gesicht verläuft.

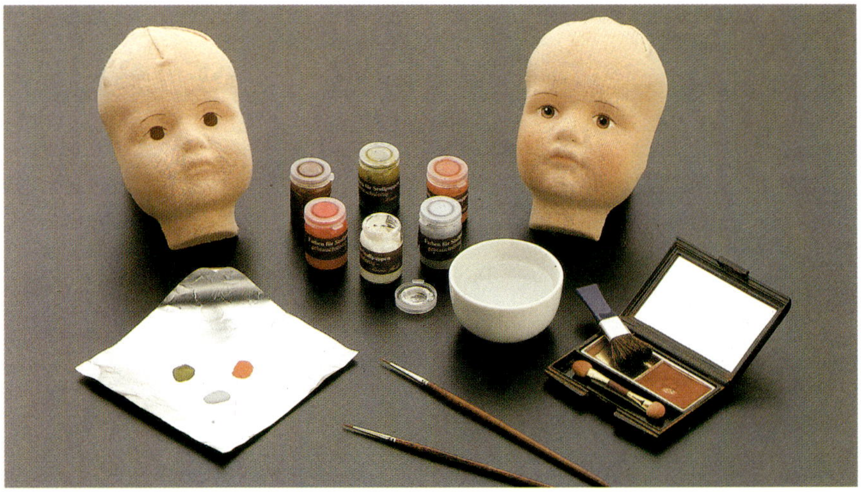

Die Malutensilien

Jetzt wird der Stoff an Stirn, Augen, Nase und Mund vorsichtig festgedrückt. Danach werden Kinn und Hals bespannt, so daß keine Falten bleiben. Wenn Ihnen das Bekleben mißlingt, ziehen Sie den Stoff von der Maske ab, waschen ihn und die Maske mit warmem Wasser und beginnen von neuem.
Der Puppenkopf wird mit der restlichen Watte gefüllt. Mit der Watte den Hinterkopf formen, so daß der Schalenrand nicht mehr zu spüren ist. Der Hinterkopf darf nicht zu dick, aber auch nicht zu schwach ausgestopft sein. Von Zeit zu Zeit sollten Sie die Perücke aufsetzen, um die Paßform zu prüfen. Auf der rechten und linken Seite wird am Hinterkopf ein Abnäher genäht, damit die Wangenseiten faltenfrei werden.
Der gestopfte Puppenkopf wird jetzt auf den Rumpf gesetzt. Wichtig ist, daß der Kopf senkrecht auf dem Puppenkörper sitzt. Am Hals vorsichtig den Stoff fassen und mit Matratzenstich annähen.
Beginnen Sie die Bemalung in der Mitte des Auges mit der Iris. Anschließend mit einem zarten Pinselstrich einen Augenbogen ziehen und rechts und links der Iris mit weißer Farbe den Augapfel andeuten.
Ist die Farbe trocken, mit schwarzer Farbe die Pupille in die Iris setzen.
Mit 2 kleinen Punkten in der Farbe hellbraun werden die Nasenlöcher angedeutet. Etwas Puderrouge auf Wangen und Lippen verteilt, verleiht dem Gesicht eine frische Farbe.

Die Schnitte zu den drei Kleidungsstücken der Puppe oben kopieren Sie vom Schnittmusterbogen (S. 118/119) und schneiden Sie mit 1 cm Nahtzugabe aus dem Stoff aus.

Ein neuer Typ durch eine andere Maske und Perücke sowie andere Kleidung

Kleid

Beim Oberteil die Schulternähte schließen, den Ärmel einnähen und die Seitennähte vom Armbündchen bis zur Taille in einem Zug zunähen. Die Seiten- und Rückennaht des Rockes schließen, die Taille kräuseln und den Rock am Oberteil festnähen.
Abschließend den Halsausschnitt versäubern, Ärmel und Saum mit der Hand säumen und einen Reißverschluß einnähen.

Schürze

Schließen Sie auch hier zuerst die Schulternähte. Nun die Ärmelchen säumen und in die Armöffnung einnähen. Nachdem das Rockteil gesäumt und in der Taille in kleine Falten gelegt wurde, den Rock an das Oberteil nähen, die Borten aufsteppen, Druckknöpfe annähen.

Pumphose

Schließen Sie zuerst die Seitennähte. Dann den Bund für einen schmalen Gummizug einschlagen und säumen. Säumen Sie nun die Beinbündchen und ziehen Sie einen Hutgummi durch. Nähen sie nun eine Spitzenborte gegen.

Pumuckl, der beliebte Kinderstar

Einen eigenen Pumuckl zu haben, welch eine Kinderfreude! Und diesen kann man auch richtig in den Arm nehmen und drücken.

Pumuckl im Wald

Material
20 cm Schlauchbinde (5 cm)
Füllmaterial
25 cm Puppentrikot
grüne und gelbe Stoffreste
etwas Leder für die Hosenträger
Stoffarben
Nähutensilien
Transparentpapier
Schneiderkopierpapier
25 × 25 cm roter Plüsch
rote Wolle für Haare
10 cm Nahtband
8 kleine Knöpfe
2–3 Druckknöpfe

Und so wird der Pumuckl gearbeitet:
Für den Kopf die Schlauchbinde oben zusammennähen, wenden und mit Füllmaterial stramm ausstopfen. Anschließend unten zubinden. 25 × 25 cm Trikot im Fadenlauf über das gedachte Gesicht legen. Das Trikot am Hinterkopf übereinanderlegen und mit Stecknadeln festhalten. Nun den Stoff am Oberkopf wie zu einem Paket zusammenfalten und mit kleinen Stichen die Hinterkopfnaht und den Oberkopf schließen.
Mit einem doppelten Faden im Vorstich den Hals markieren und den Faden fest anziehen, verknoten und vernähen. Damit ein fester Hals entsteht, umwikkeln Sie den überstehenden Stoff des Kopfes mit Nahtband. Anschließend wird der Hals mit Trikot überzogen.
Die Schnitte für Körper, Arme und Beine lassen sich leicht dem Schnittmusterbogen S. 118 entnehmen und mit Hilfe von Schneiderkopierpapier auf das Trikot übertragen. Die Nähte können Sie mit kleinen Stichen auf der Nähmaschine oder im Matratzenstich schließen.
Wenden Sie die Körperteile, und stopfen Sie diese mit Füllmaterial nicht zu fest aus. Die Arme und Beine werden mit Überwendlingsstichen am Körper festgenäht.
Stecken Sie nun den Hals in die Körperöffnung, und nähen sie ihn mit kleinen Stichen gut fest.
Die Nase aus dem »Kopf« modellieren. Umnähen Sie dazu nach der Zeichnung einen Kreis mit 2–3 cm ∅ in Vorstichen, und ziehen Sie den Faden leicht zusammen, damit die Nase etwas plastisch hervortritt.
Augen, Nase und Mund von der Zeichnung her übertragen und mit Stoffarben ausmalen oder mit Stickgarn aussticken.

Schemazeichnung des Gesichts

Pumuckls Kleidung ist sehr einfach zu nähen. Zunächst werden auch hier die Schnitte von S. 118/119 abgepaust und mit Schneiderkopierpapier auf den entsprechenden Stoff übertragen. Beachten Sie beim Zuschneiden die Nahtzugabe. Die Nähte werden im Steppstich geschlossen und anschließend versäubert. Säumen Sie die Hosen- und Ärmelränder.
Für den Rückenverschluß des gelben Hemdes werden 2–3 Druckknöpfe angenäht. Die Hosenträger aus Leder ohne Nahtzugabe zuschneiden und die Knopflöcher vorsichtig einschneiden. An der schönen grünen Hose an entsprechender Stelle die Knöpfe annähen.
Für die Perücke wird der rote Plüsch rund zugeschnitten und mit kleinen Stichen am Hinterkopf festgenäht. Knüpfen Sie zusätzlich rote Wollfäden ein, damit der kleine Kobold seinem lustigen Vorbild noch ähnlicher wird.

Das Nilpferd Nuff-Nuff

Dieses lustige Nilpferd ist Spielzeug und Sitzkissen zugleich.

Anstelle des bunten Stoffes können Sie auch einfarbigen Stoff verwenden

Die Seitenteile 2mal und den Mittelstreifen 1mal zuschneiden. Für die Füße 8 Quadrate der Größe 8 × 8 cm schneiden. Achten Sie beim Zuschnitt auf die Nahtzugabe (1 cm).
Nähen Sie nun den Mittelstreifen und die Seitenteile rechts auf rechts im Steppstich zusammen. Dabei ist es ratsam, mit der Spitze an der Schwanzstelle zu beginnen und auch dort zu enden. Zum Ausstopfen am Bauch einen Schlitz offenlassen.

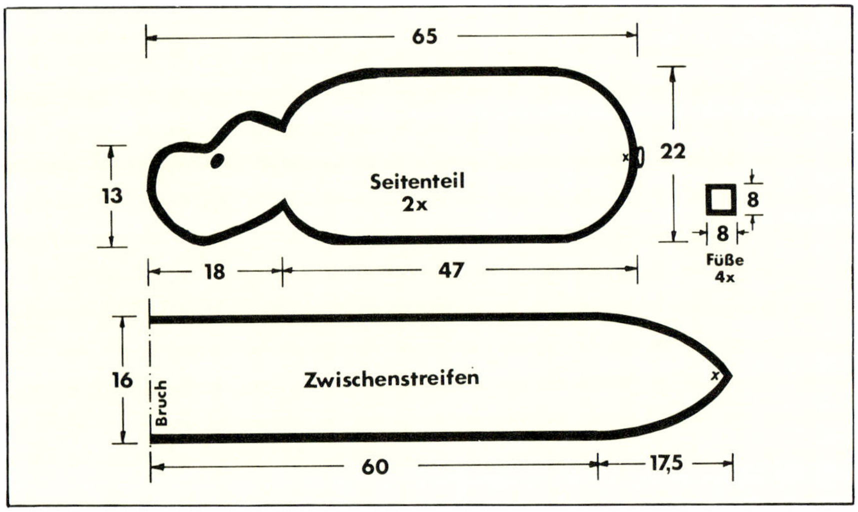

Schnittmusterschema

Nun wenden Sie den Stoffkörper und stopfen ihn fest mit Holzwolle aus. Sie werden staunen, wieviel Füllmaterial im Bauch verschwindet. Anschließend die Öffnung gut zunähen.
Für die Füße jeweils 2 Stoffquadrate rechts auf rechts legen und in Beutelform zusammennähen. Die Beutel wenden, ausstopfen und anschließend als Füße an den Körper nähen.
Abschließend die Augen und den Stummelschwanz anbringen.

Material
75 cm fester, bunter Stoff (1,20 m breit)
2 Knöpfe oder 2 Tieraugen aus Glas
1 großer Knopf für den Schwanz
Holzwolle oder Sägespäne
Nähutensilien

Brummi, der Teddybär

Seit Generationen heiß geliebt – der Teddybär, der in keinem Kinderzimmer fehlen sollte.

Das Fell besteht aus weichem Plüschstoff

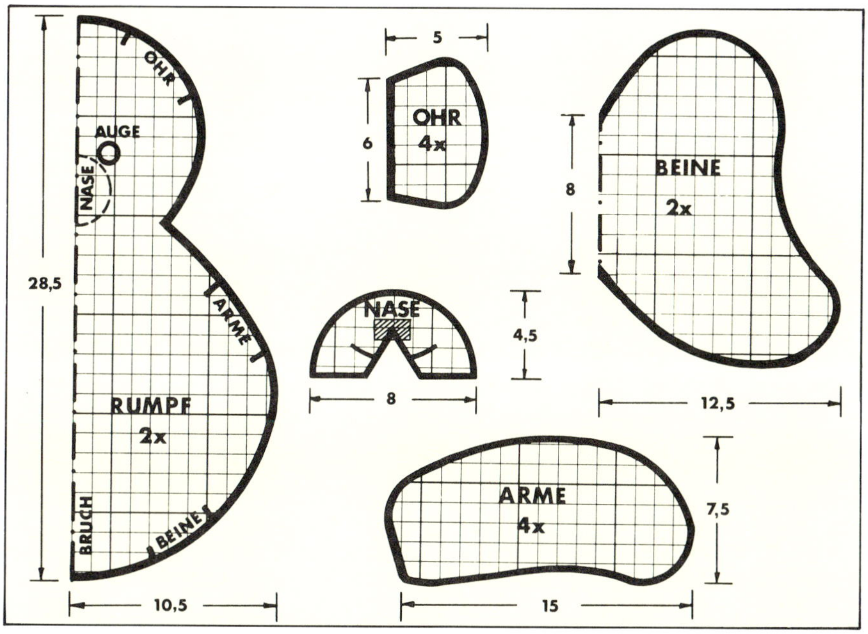

Schnittzeichnung

Vergrößern Sie das Schnittmuster, schneiden Sie die Teile mit Nahtzugabe (1 cm) zu. Rumpf, Arme und Beine je 2mal aus braunem Stoff zuschneiden, die Ohren jeweils 2mal aus braunem und weißem Stoff und die Nase 1mal zuschneiden.
Legen Sie die Ohrteile, jeweils braun und weiß, rechts auf rechts aufeinander und steppen Sie die Rundungen ab. Nun die Ohren wenden und ganz leicht ausstopfen.
Anschließend die Ohren an den markierten Stellen des Kopfes zwischen die rechts auf rechts gelegten Rumpfteile heften. Dabei sollten sich die Schnittkanten decken und die Ohrspitzen nach innen weisen.
Jetzt können Sie den Rumpf bis auf eine Öffnung zum Stopfen auf der Nahtlinie absteppen.
Die Arbeit wenden und mit Füllmaterial nicht zu fest ausstopfen. Anschließend den Körper zunähen.
Auch die Teile für Arme und Beine rechts auf rechts aufeinanderlegen und die Rundungen absteppen. Jedes Körperteil wenden, ausstopfen und zunähen. Die Gliedmaßen nun fest an die im Schnitt gekennzeichneten Stellen nähen. Schließen Sie die Abnäher der Nase und füllen Sie diese leicht. Mit unsichtbaren Stichen so am Kopf befestigen, daß die Abnäher nach unten zeigen. Zum Schluß die Nasenspitze und den Mund aufsticken und die Augen fest annähen.

Material
40 cm Plüschstoff, 1,20 m breit
Plüschstoffreste für die Ohren
2 Tieraugen aus Glas (2 cm ∅)
Füllmaterial
schwarzes Stickgarn
Nähutensilien

Das Schlenkerduo Hase und Kater und der Freizeitfuchs

Kleine Kinder möchten gerne etwas zum Schmusen und Liebhaben, mit dem sie zwischendurch aber auch mal grob herumschlenkern können. Dafür ist das lustige Duo genau richtig.

Das Schlenkerduo

Kater, Hase und Fuchs werden weitgehend nach demselben Schema gearbeitet. Einzelheiten, die die Tiere voneinander unterscheiden, sind auf der nächsten Seite erklärt.

Körper

Den Rumpf und den Kopf stricken Sie von unten nach oben; die Beine werden extra gearbeitet.
Schlagen Sie 52 Maschen an und verteilen Sie diese auf 4 Stricknadeln. Nun werden über alle Nadeln ca. 14 cm glatt rechts hochgestrickt. Die Schulter von der Seitenkante her wie folgt abnehmen:
Erste Nadel: Die erste Masche stricken, zweite und dritte Masche zusammenstricken, dann die Nadel zu Ende stricken.
Zweite Nadel: bis auf die letzten 3 Maschen abstricken, dann die drittletzte und vorletzte Masche zusammenstricken und die letzte Masche stricken.
Dritte und vierte Nadel wie erste und zweite Nadel arbeiten. So 5 Runden stricken.
Für den Hals mit den verbleibenden 28 Maschen 2 Runden stricken.
Für den Kopf zunächst in gleichem Rhythmus zunehmen, wie für die Schultern abgenommen wurde, jedoch nur in jeder zweiten Runde zunehmen, bis Sie 52 Maschen haben. Dann 6 cm hochstricken und wieder im gleichen Rhythmus abnehmen, so lange, bis noch 20 Maschen übrig sind. Diese abketten und die Kopfnaht beim Hasen von links zunähen. Beim Kater schließen Sie die Kopfnaht von rechts und wenden die linke Seite des Gestrickten nach außen.

Beine

Auf 3 Nadeln verteilt 22 Maschen anschlagen und 2 Schläuche von ca. 16 cm als Hinterläufe und 2 von 21 cm als Vorderläufe glatt rechts hochstricken. Für den Kater und den Hasen alle Schläuche wenden. Rumpf, Kopf und Beine mit Füllwatte ausstopfen und die kurzen Beine oben und die langen unten annähen.

Pfoten

Für die Pfoten 4 weiße runde Flächen häkeln. Je Fläche 3 Luftmaschen anschlagen und zum Ring schließen. In diesen Ring 6 feste Maschen häkeln. In den folgenden 3 Runden je 4 Maschen verteilt zunehmen, dann noch 3 Runden ohne Zunehmen arbeiten. Durch die Außenkanten rundherum einen Faden ziehen und diesen leicht anziehen. Nun die Tischtennisbälle einlegen und den Faden zusammenziehen. Anschließend die Pfoten an den Schlauchenden gut festnähen.

Material je Tier
100 g dicke Flauschwolle
bunte Wollreste
4 Tischtennisbälle für die Füße
2 Glasaugen oder Filzreste in Weiß und Schwarz
1 Spiel Stricknadeln, zur Wolle passend
1 Häkelnadel
Webpelz für den Hasenbart
Perlonschnur für die Barthaare des Katers
Nähutensilien
Füllmaterial
Klebstoff

Brust

Mit weißer Wolle 15 Luftmaschen anschlagen und diese Luftmaschenkette rundherum mit festen Maschen behäkeln. Dabei in jeder Runde an den Enden jeweils 2 Maschen zunehmen. Insgesamt 5 Runden arbeiten. Nun in diese ovale Form 8 cm lange weiße Wollfäden einknüpfen und das Brustteil aufnähen.

Hase

Für die Außenohren mit 2 Wollfäden in Körperfarbe 10 Maschen anschlagen und 20 Reihen mit doppeltem Faden kraus hochstricken. Nun in jeder Reihe die beiden ersten Maschen zusammenstricken, bis alle Maschen aufgebraucht sind. Die Innenohren mit einem anderen Farbton ebenso stricken. Die Ohrenteile an den Seiten zusammennähen. Unten die Seitennähte zusammenklappen und das Ohr am Kopf gut annähen. Zwischen die Ohren setzen Sie einen Pompon.

Für den Schwanz einen weißen Pompon arbeiten und annähen.

Die Augen werden aus Filz zurechtgeschnitten und mit kleinen Stichen am Kopf festgenäht. 1 kleinen roten Pompon für die Nase arbeiten und 2 weiße Pompons als Hamsterbäckchen annähen und seitlich der Pompons jeweils ein kleines Webpelzstück als Backenbart anbringen.

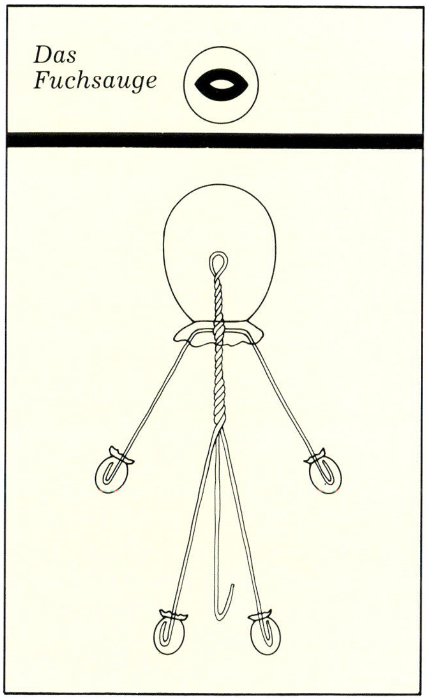

Drahtgestell als Grundgerüst

Kater

Für die Ohren wie beim Hasen beginnen, aber nur 6 Reihen hochstricken. Dann in jeder zweiten Reihe die ersten 2 Maschen zusammenstricken, bis alle Maschen aufgebraucht sind. Die beiden Innenohrteile mit einer anderen Farbe ebenso stricken und die Teile zusammennähen. Die Ohren am Kopf befestigen.

Für den Schwanz 6 Luftmaschen anschlagen und mit einer Kettenmasche zum Ring schließen. In diesen Ring 6 feste Maschen häkeln und ohne Zunahmen 25 cm hocharbeiten. Nun den Schwanz am Kater festnähen. Das Schwanzende mit einem Pompon verzieren.

Im Gesicht einige Perlonfäden als Barthaare einziehen und festkleben, dann das Maul darübersticken. Als Augen 2 passende Glasaugen festnähen und um den Hals eine lustige Schleife binden.

Fuchs

Für den lustigen Fuchs stricken Sie den Körper und den Kopf wie bei Hase und Kater aus fuchsroter glatter Wolle und stopfen beides sehr hart aus.

Die Beine werden als Schläuche aus 20 Maschen 20 cm hochgestrickt. Nun nehmen Sie gleichmäßig verteilt nochmals 4 Maschen auf und sticken mit heller Wolle weitere 4 cm an. Die Maschen nicht abketten, sondern den Faden durch die Maschen ziehen und zusammenziehen.

Für den Schwanz aus 20 Maschen eine Röhre von 30 cm stricken. Die letzten 5–6 Reihen können aus hellerer Wolle gearbeitet werden. Maschen zusammenziehen. Die Beine und den Schwanz fest ausstopfen und annähen.

Für die Ohren mit 14 Maschen 8 Reihen stricken. Dann wie beim Hasen abnehmen und Außen- und Innenohrteile mit schwarzer Wolle zusammennähen und am Kopf befestigen.

Für die Schnauze 24 Maschen anschlagen und rundherum 18 Runden stricken; wie bei den Ohrspitzen abnehmen. Das Unterteil aus heller Wolle ebenso arbeiten. Beide Teile mit schwarzer Wolle zusammennähen, ausstopfen und am Kopf festnähen. Abschließend die großen Fuchsaugen aufnähen.

Für ältere Kinder kann man in den Fuchs ein Drahtgestell einbauen, wie die Schemazeichnung zeigt.

Der Freizeitfuchs

Ein Taufkleid mit Haube

In diesem Taufkleid wird sicherlich nicht nur ein Kind der Familie den ersten großen Feiertag erleben.

Die Anzahl der Blüten auf dem Kleidchen können Sie selbst bestimmen

Das Grundmuster nach der Symbolzeichnung in Stäbchen und Luftmaschen häkeln.
Für das Kleid 349 Luftmaschen mit der Nadel Nr. 1 anschlagen und im Grundmuster 60 cm hoch häkeln. Für die Abnahmen zum Passenteil 1 Reihe wie folgt arbeiten: 2 benachbarte Stäbchen zusammen abmaschen und 4 Luftmaschen anschließen. Diesen Rhythmus wiederholen.
Dann die Passe nach der Schnittzeichnung fertigstellen.
Je 69 Luftmaschen für die Ärmel anschlagen und nach Schnitt und Symbolschrift häkeln. Nun Arm- und Schulternähte schließen und die Ärmel einsetzen. Alle Außenkanten mit einer Reihe Spitzenpikots umhäkeln.
Das Spitzenpikot wird wie folgt gearbeitet: Auf die letzte Reihe der Häkelarbeit setzen Sie 1 feste Masche und 4 Luftmaschen. Nun 1 feste Masche in die zweite Luftmasche, 1 halbes Stäbchen in die letzte Luftmasche, 1 Masche der Vorreihe überspringen, dann mit 1 festen Masche das Muster wiederholen.
Die Blüten mit der Häkelnadel Nr. 2,5 nach der Symbolschrift arbeiten.
40 Blüten fertigen, davon werden 6 um den Halsausschnitt herum und die restlichen auf dem Rock verteilt gut festgenäht. An den Ärmeln 2 cm vom Rand Hutgummi durchziehen und durch die erste Reihe der Passe das farbige Schleifenband ziehen.

Haube

Die Haube beginnt mit 109 Luftmaschen und wird nach Schnitt und Symbolschrift gehäkelt. Abschließend die Nähte schließen und die Vorderkante mit Spitzenpikots umhäkeln. Am Halsrand zum Abschluß und als Verzierung ein Schleifenband durchziehen.

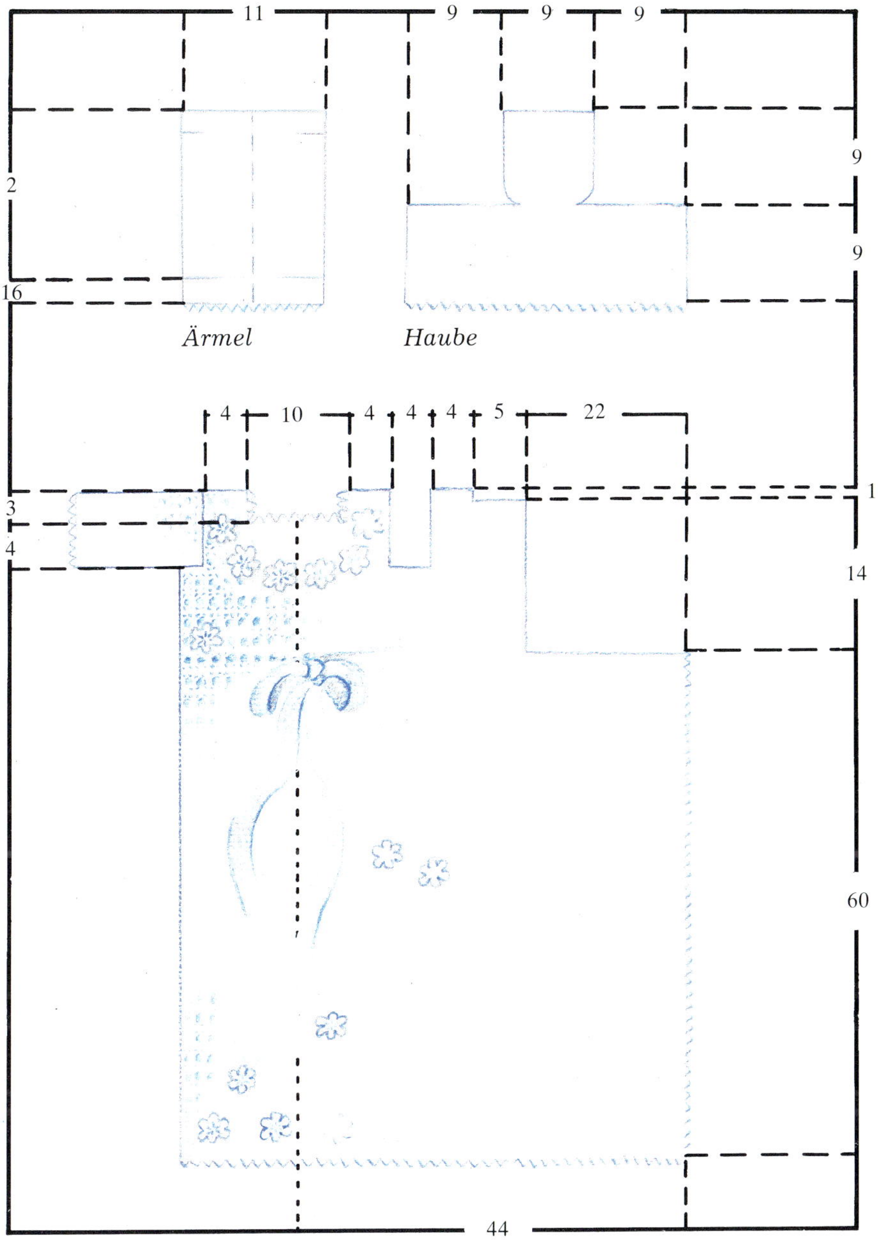

Schnittzeichnung des Kleides

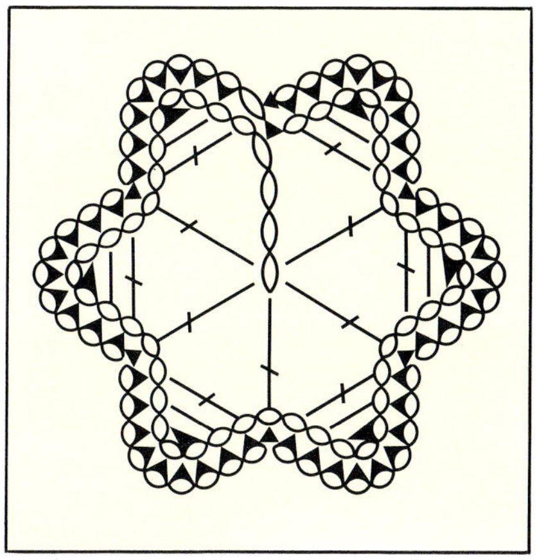

Häkelschrift der Blüte

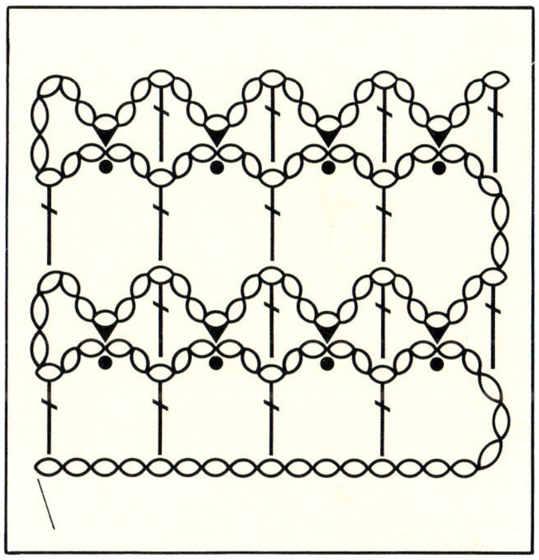

Häkelschrift des Grundmusters

Symbolschrift

Grundmaschen

- Luftmasche
- Kettmasche
- feste Masche
- halbes Stäbchen
- Stäbchen
- Maschen einhängen, nicht einstechen

Material
230 g Glanzhäkelgarn
Häkelnadeln Nr. 1 und 2,5
Hutgummi
Schleifenband

Maschenprobe
40 Maschen und 16 Reihen ergeben 10 × 10 cm

T-Shirt mit Monogramm

Zur Einschulung das passende T-Shirt, das ist ein nettes Geschenk für den kleinen Abc-Schützen.

Material
T-Shirt
farbig sortiertes Perlgarn
Sticknadel mit Spitze
Schere
Transparentpapier
Bleistift
Schneiderkopierpapier

Für diese Art von Monogramm eignet sich besonders der Stielstich, da nur die Konturen gestickt werden; denkbar ist auch der Steppstich. Kopieren Sie zunächst das entsprechende Monogramm auf Transparentpapier und übertragen Sie die Buchstaben mit Hilfe von Schneiderkopierpapier auf das T-Shirt. Nun die Konturen im exakten Stielstich nachsticken. Dabei empfiehlt es sich, die Arbeit in einen Stickrahmen zu spannen, damit sich der Stoff nicht verzieht. Abschließend werden die Fäden auf der Rückseite vernäht.

Die Farbe des Stickgarns passend zum T-Shirt wählen

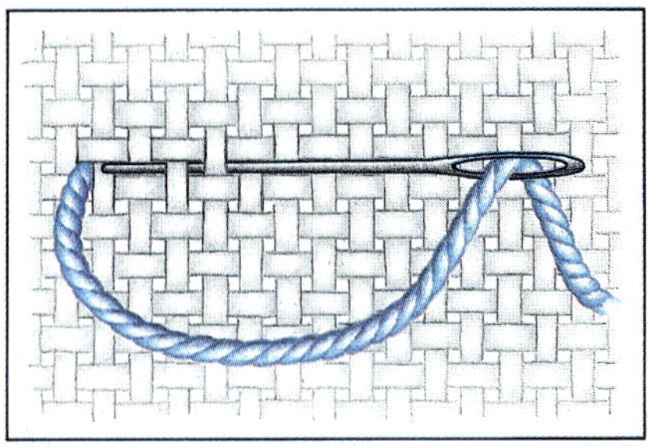

Zwei Gewebefäden auf die Nadel nehmen

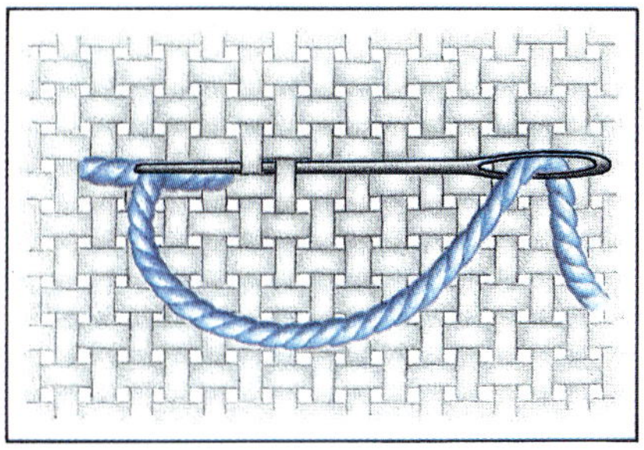

Beim Zurückstechen . . .
jeweils zwei Gewebefäden . . .

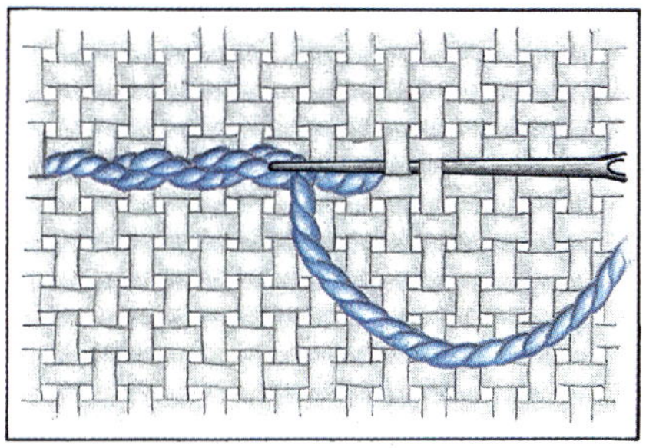

. . . auf die Nadel nehmen

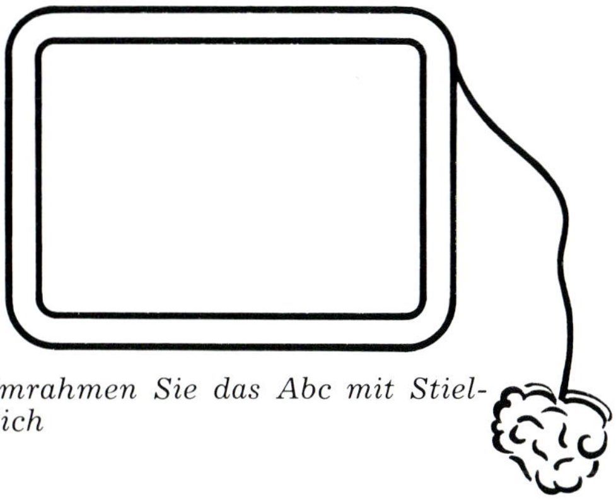

Umrahmen Sie das Abc mit Stielstich

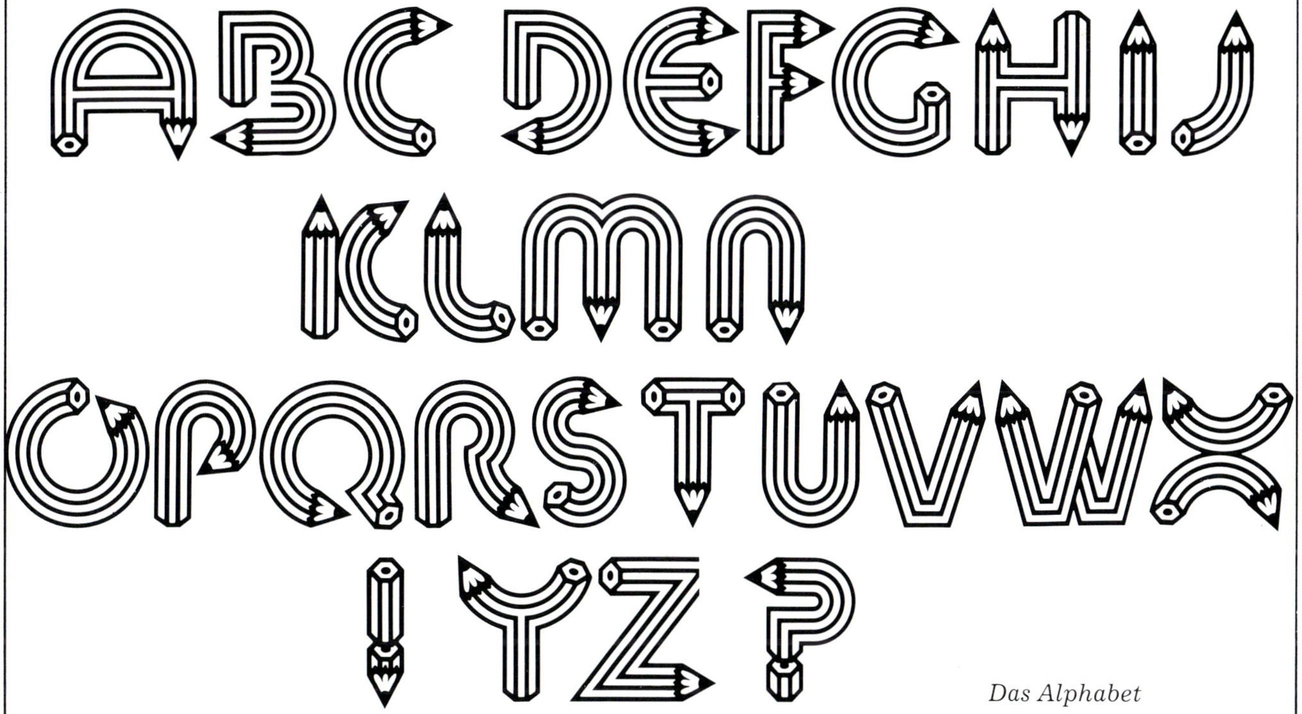

Das Alphabet

Eine Stimmung wie im Märchenwald

Kinderkleidung mit Applikationen

Schlichte Kleidungsstücke werden durch die applizierten Tier- und Märchenmotive zur verspielten Garderobe der Kinder.

Tierapplikationen für den Rock (mit dem Kopierer vergrößern)

Zwei Blusen, ein Rock und ein Pullunder ergeben schon eine kleine Grundgarderobe in Größe 104. Für Größe 98 ist eine Winterjacke dabei. Die Schnittmuster finden Sie auf Seite 120.

Rock

Material (Größe 104)
1 m Rockstoff (1,40 m breit)
1 m Futtertaft (1,40 m breit)
gemusterte Stoffreste
Vlieseline
1 Reißverschluß (15 cm lang)
Gummiband (1,5 cm breit)
Nähutensilien, Kopierpapier

Den Rock nach Schemazeichnung 2mal mit Nahtzugabe zuschneiden. Für das Bündchen schneiden Sie einen Streifen von 58 cm Länge und 8 cm Breite. Nun bereiten Sie die Teile der Applikationen vor. Die Baumkronen, Stämme und Büsche nach der Vorlage zuschneiden. Ebenso mit den Tieren verfahren. Alle Motive auf die aufbügelbare Vlieseline stecken. Über die Vlieseline bügeln und entlang der Kontur die Motive ausschneiden. Nun jedes Motiv auf den Hintergrundstoff heften und mit engem Zickzackstich am Rand entlang applizieren.
Eulen und Eichhörnchen im gleichen Verfahren auf die entsprechenden Baumkronen »setzen«. Die inneren Körperlinien werden mit dem Steppstich angedeutet und die Schnäbel und Schnäuzchen gestickt. Nach der Applikation schließen Sie die Rocknähte und arbeiten die Tasche ein. Auch den Futterrock 2mal zuschneiden und die Seitennähte schließen. Beide Röcke links auf links gegeneinanderheften und mit einem langen Steppstich einkräuseln.
Das Bündchen mit der rechten Seite auf die rechte Rockseite legen, feststeppen, im Bruch falten und auf der Rockinnenseite mit einem kleinen Umschlag festnähen.
Für einen sauberen Bruch knapp unter der Bruchlinie entlang steppen. Den Reißverschluß einarbeiten, das Gummiband durch das Bündchen ziehen und mit einigen Stichen befestigen.

Rüschenbluse

Material (Größe 104)
70 cm Baumwollstoff
(1,40 m breit)
60 cm blaues Satinband
Vlieseline
schmales Gummiband
5 Knöpfe, Nähutensilien

Vergrößern Sie sich den Blusenschnitt und übertragen Sie ihn auf den Stoff. Die Schnitteile mit Nahtzugabe zuschneiden.
Für die Rüsche am Kragen einen Streifen (80 × 3 cm) schneiden.
Nun die Ärmelkanten und eine Längsseite der Rüsche schmal umbügeln und mit einem engen Zickzackstich ketteln. Die Rüsche in kleine Falten legen.
Das Satinband 2 cm vom Ärmelrand für den Gummidurchzug auf der Stoffoberseite aufnähen.
Nun die Armnähte und die Blusennähte schließen, die Ärmel einsetzen.
Den Kragen mit Vlieseline versteifen und links auf links die Kragenteile aufeinander legen. Die Rüsche zwischen die Kragenteile legen und alles knappkantig absteppen. Nun den Kragen an der Bluse festnähen.
In die mit Vlieseline verstärkte Vorderkante der Bluse Knopflöcher einarbeiten und gegengleich auf dem anderen Blusenvorderteil die Knöpfe annähen.
Abschließend die Bluse säumen und ein Gummiband unter das Satinband am Arm einziehen.

Pullunder

Material (Größe 104)
150 g Wolle
Rundstricknadel Nr. 3,5
verschiedene Wollreste
kleine Perlen
Vlieseline
Nähutensilien, Kopierpapier

Maschenprobe
21 Maschen und 29 Reihen ergeben 10 × 10 cm

Für diesen Pullunder werden 144 Maschen angeschlagen und zur Runde geschlossen. Das Bündchen 14 Runden hochstrikken. Danach über 50 Runden glatt rechts arbeiten. Nun teilen Sie die Armausschnitte und ketten an beiden Seiten 2mal 2 und 2mal 1 Masche ab. Nach 30 Reihen für den vorderen Halsausschnitt die mittleren 10 Maschen auf einen Hilfsfaden ziehen und in den folgenden Reihen beidseitig noch 4, 3, 2 und 1 Masche stillegen. Nach 40 Reihen ab dem Armausschnitt die restlichen 15 Maschen rechts und links auf Hilfsnadeln nehmen.
Den rückwärtigen Halsausschnitt nach 34 Reihen über dem Armausschnitt beginnen. Dafür die mittleren 18 Maschen auf einen Hilfsfaden nehmen und wieder beidseitig 4 und 2 Maschen dazu stillegen.
Nun die Schultern in Maschenstich schließen.
Die Maschen des Halsausschnittes werden auf eine kleine Rundstricknadel genommen. Nun 5 Runden glatt rechts, 1 Runde Lochmuster (2 Maschen zusammenstricken, 1 Überschlag), 5 Runden glatt rechts für das Halsbündchen stricken. Alle Maschen abketten und das Bündchen umschlagen und innen festnähen. Die Blenden um die Armausschnitte ebenso arbeiten. Die Motivzeichnungen (siehe Schnittmusterbogen) auf die linke Seite der Vlieseline übertragen, ausschneiden und auf den Pullunder heften. Alle Konturen mit dem Steppstich umsticken und die Flächen mit Maschenstich aussticken. Verwenden Sie zum Sticken eine Wolle, die etwas stärker als die Strickwolle ist, damit die unteren Maschen nicht zu sehen sind. Für die Nasen und Augen nähen Sie kleine Perlchen auf. Den »Schnee« mit einzelnen Maschenstichen gestalten.

Winterjacke

Material (Größe 98)
1,30 m Baumwollstoff
(1,40 m breit)
1,30 m Teddyfutter
(1,40 m breit)
verschiedene Stoffreste
Knopflochseide
1 teilbarer Reißverschluß
(40 cm)
Vlieseline
Nähutensilien
Transparentpapier

Alle Teile (ohne Taschen) aus Baumwollstoff und Teddyfutter wie angegeben zuschneiden. Dann die Taschenbeutel 2mal gegengleich aus dem Baumwollstoff zuschneiden.
Zuerst schließen Sie die Seitennähte und lassen dabei die Tascheneingriffe offen.
Die Häuser aus bunten Baumwollstoffresten zuschneiden. Nun applizieren Sie darauf die Türen und Fenster und steppen alle Konturen mit dem Zickzackstich nach.
Die Gebäude stecken Sie auf die Jackenteile (3 cm vom unteren Rand). Damit sie beim Applizieren nicht verrutschen, heften Sie die Teile mit dem Vorstich fest. Für die Sterne verwenden Sie Knopflochseide. Sticken Sie im Stielstich und verteilen Sie die Sterne gleichmäßig auf der Jacke.
Nach dem Applizieren und Sticken die Jacke fertig nähen, das heißt: die Schulternähte schließen, die Ärmel und die fertig genähten Taschenbeutel einsetzen. Ebenfalls die Kapuze an die Jacke nähen.
Das Teddyfutter in die Jacke einziehen und beides mit dem Blindstich gegeneinander nähen. Den Saum bis zum Häuserrand umnähen. Zum Schluß den Reißverschluß einsetzen.

Die Häuser der Winterjacke

Heinzelmännchenbluse

Material (Größe 104)
1,50 m Baumwollstoff
(1,40 m breit)
Stoffreste
Webpelzreste
Vlieseline zum Verstärken der Motive
Kordel
2 kleine blaue Holzperlen
10 kleine blaue Glasperlen
10 kleine Holzperlen, natur
Schrägband (4 cm breit)
Nähutensilien
Transparentpapier
rotes Strickgarn

Die Schnitte mit einer Nahtzugabe von 1 cm aus dem Blusenstoff zuschneiden. Pausen Sie dann die Heinzelmännchen ab und schneiden Sie die einzelnen Teile aus passendem Stoff zu. Danach werden die Motive sorgsam auf das Blusenvorderteil geheftet. Dabei die Händchen und die Schuhe unter den Mantel legen, damit sie beim Nähen mitgefaßt werden. Den Webpelz mit der Strichrichtung nach unten aufnähen und »Haare« zurückstreichen, damit sie später ins Gesicht fallen können. Die Gesichter auf den Webpelz applizieren und die Mündchen mit rotem Stickgarn aussticken. Dann die Mützchen aufnähen. Für die Augen nähen Sie die kleinen Glasperlen an und als Knöpfe die naturfarbenen Holzperlen. Nun die Bluse fertigstellen. Die Ärmelkanten und den Halsausschnitt für Gummi und Kordel mit Schrägband verstürzen. An den Kordelenden die beiden blauen Holzperlen mit einem Knoten befestigen.
Alle Schnitte finden Sie im Anhang Seite 120/121.

Mit dem Zickzackstich die Applikation befestigen

Ein Heinzelmännchen (Schema)

Kinderpullunder, gewebt und gestrickt

Dieser gewebte Pullunder wird ohne Webstuhl gefertigt und könnte auch als Patchwork-Pullunder bezeichnet werden.

Entsprechend der Pullundergröße die Anzahl der Quadrate bestimmen

Material

10 × 12 cm feste Pappe	Webnadel
150 g farbige Wolle für Nadelstärke 5	Häkelnadel Nr. 4
300–400 g Wolle in der Grundfarbe (Nadelstärke 4)	Stricknadeln Nr. 4
	Stopfnadel
	Maßband und Schere

Die Technik des Schablonewebens ist vielleicht noch aus der Schule bekannt.

Bereiten Sie sich eine Pappschablone in der angegebenen Größe entsprechend der Zeichnung vor. Die Schablone wird in der Grundfarbe bespannt. Nun können Sie jedes Quadrat in einer beliebigen Farbe in Körperbindung ausweben. Achten Sie darauf, daß Sie die Schußfäden nicht zu stramm anziehen, damit die Form des Quadrates auch nach dem Lösen von der Schablone erhalten bleibt.

Je nach der Konfektionsgröße braucht man für das Vorderteil 12–20 Quadrate, die farblich aufeinander abgestimmt sein sollten.

Nach der Fertigstellung aller Quadrate werden die Fäden vernäht und jedes Teil mit festen Maschen umhäkelt. Entsprechend der Farbsortierung fügen Sie nun die Einzelteile durch Zusammenhäkeln aneinander.

Für das Bündchen am Halsausschnitt werden über die gesamte Breite 5–7 Reihen 1 Masche rechts/1 Masche links gestrickt. Anschließend stricken Sie das Rückenteil in der Grundfarbe glatt rechts ohne Armausschnitt hoch. Auch hier wird wieder ein Halsbündchen angestrickt. Bevor Sie die Armausschnittbündchen und den Bund stricken, schließen Sie die Seiten- und Schulternähte.

Noch ein Tip: Schnell ist aus dem Pullunder ein Pullover gemacht. Stricken Sie in der Grundfarbe 2 Ärmel ohne Armkugel. Wenn Sie unter die Armausschnittbündchen einen teilbaren Reißverschluß einfügen, können Sie bei kühlem Wetter schnell die Ärmel einsetzen.

Pappschablone in Köperbindung ausweben

Fertig gewebtes Teil

Einzelne Quadrate mit festen Maschen umhäkeln

Eine praktische Lösung: mit dem Reißverschluß wird aus dem Pullunder schnell ein Pullover

Nach diesem Schema weben Sie die Köperbindung

So sieht der fertige Pullover aus

Gestrickte Puppen in Variationen

Diese Puppen sind sehr einfach zu stricken. Je nach Ausgestaltung kann jede Figur jedoch individuell wirken.

Verschiedene Typen, die sich Kinder wünschen

Material
Wollreste
Stricknadeln Nr. 3–4
Sticknadel ohne Spitze
Schere

Für diese lustigen Figuren werden jeweils 50 Maschen angeschlagen. 8 Runden in dunkler Wolle für die Schuhe glatt rechts stricken.
Den Bauch in weiteren 20 Runden stricken. Je nach Figur kann ein Farbwechsel (z. B. Professor) vorgenommen werden.
Der Pullover wird (evtl. wieder mit Farbwechsel) über 20 Runden gestrickt.
Für das Gesicht nehmen Sie möglichst hautfarbene Wolle. Nach 16 Runden beginnt dann sofort die Mütze.
Beim Professor wird seitlich nicht abgenommen, sondern 14 Runden gerade hochgestrickt. Anschließend werden die Maschen mit einem Faden zusammengezogen.
Beim Hund, der keine Mütze trägt, nehmen Sie am Kopf oben ähnlich einer Fausthandschuhspitze ab.
An die Mütze evtl. einen Pompon oder einen Bommel nähen. Für den Clown einen Hut mit Krempe und für den Hund lange Schlappohren häkeln.
Nun den Kopf mit Watte ausstopfen und mit einem Wollfaden abbinden. Die Arme bis zur Taille mit Steppstich abnähen. Den Oberkörper fest ausstopfen. Dann die Beine absteppen und ebenso stopfen. Abschließend die Unterkante des Gestricks schließen.

Zum Schluß die Augen aufsticken oder Tieraugen annähen. Die Haare aus etwa 8 cm langen Wollfäden einknüpfen.
Für die Nasen der menschlichen Figuren über 6 Maschen 4–6 Reihen stricken, zusammenziehen und annähen. Für die Hundeschnauze schlagen Sie 20 Maschen an und stricken 11 Reihen hoch. Die Maschen nicht abketten, sondern mit einem Faden zusammenziehen. Vor dem Annähen wird auch die Schnauze leicht ausgestopft.
Die Schnauzenspitze wurde ebenfalls gestrickt (6 Maschen, 6 Reihen hoch); denkbar ist aber auch ein angenähter Pompon.
Zusätzlich erhält der Hund noch einen Schwanz, der über 10 Maschen 7 cm hoch gestrickt wird.

Dieses Strickschema ist sehr einfach. Soll Ihre Puppe größer werden, so schlagen Sie entsprechend mehr Maschen an und stricken Sie einige Reihen mehr. Sehr hübsch sind Tierpuppen in der Höhe von 30 cm.

36 Maschen

12 Runden Mütze
16 Runden Gesicht
22 Runden Pullover
18 Runden Hose
8 Runden Schuhe

36 Maschen Anschlag

Das Grundschema zum Stricken

Lustige Wichtel für kleine Kinder

Diese kleinen Wichtelmänner können als Überraschungsgeschenk schnell angefertigt werden.

Mit Phantasie gestaltet

Material
Schoeller Wolle »woll-spass« beige, dunkelblau, braun, rot
Häkelnadel Nr. 4
Schaumstoff-Flocken
Basteldraht
Schere
Zange

Biegen Sie sich zuerst, der Vorlage entsprechend, ein Drahtgestell zurecht.
Den Kopf in beige arbeiten. Schlagen Sie 3 Luftmaschen an und schließen Sie diese zu einem Ring. In diesen 6 feste Maschen häkeln und in den weiteren 4 Runden jeweils 6 weitere feste Maschen verteilt aufnehmen. 4 Runden ohne Zunahmen arbeiten. Nehmen Sie nun in 3 Runden durch Überziehen alle Maschen gleichmäßig ab. Mit 8 Maschen den Kopf beenden.
Den Kopf leicht mit Schaumstoff ausstopfen und das Drahtgestell einschieben; anschließend prall ausstopfen.
Für die Mütze 2 gegengleiche Teile nach Schnitt häkeln und im Maschenstich zusammennähen. Am Kopf mit Blindstich befestigen.
Die kleine Kugel für die Nase wie den Kopf beginnen, allerdings nach 3 Runden beenden.
Die Augen können gehäkelt oder aus Filz ausgeschnitten werden.

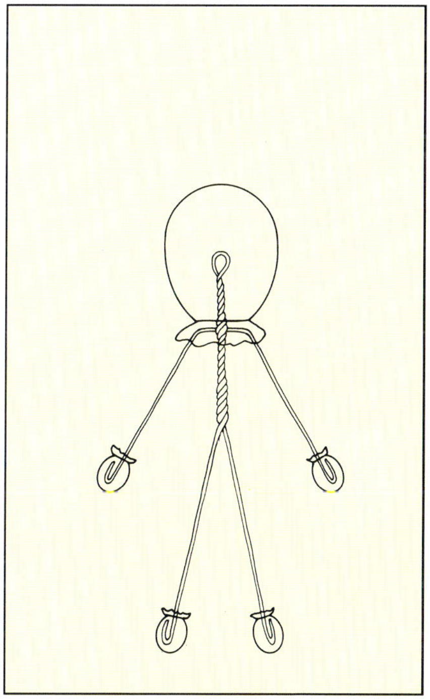

Schema für das Drahtgestell

Den Mund aufsticken und Haare und Bart aus geschnittenen braunen (grauen) Fäden einknüpfen.
Für die Ohren je 3 Luftmaschen anschlagen, zum Ring schließen. In den Ring 6 feste Maschen häkeln, in der zweiten Runde auf 12 Maschen erweitern und in der dritten Runde auf 18 Maschen.
Für die Hose je Bein 16 Luftmaschen aufnehmen, zum Ring schließen und 12 Runden ohne Zunahme häkeln. Dann die Beinteile mit 2 Luftmaschen verbinden und über alle 36 Maschen noch 9 Runden häkeln.
Für den Rücken und das Vorderteil 20 Maschen in Rot anschlagen und 14 Runden feste Maschen häkeln. Dabei beidseitig in der ersten bis vierten Runde jeweils 1 Masche abnehmen, in der fünften bis achten Runde verteilt in jeder ungeraden Reihe 2mal 1 Masche abnehmen, bis 8 Maschen übrigbleiben.
Die Arme wieder wie den Kopf beginnen und bis zu 16 Maschen zunehmen. Anschließend ohne Zunahmen 14 Reihen häkeln und wieder verteilt alle Maschen bis auf 4 abnehmen.
Die Arme in das Vorder- und Rückenteil nähen und über das Drahtgestell ziehen. Nun leicht ausstopfen und mit der Hose und dem Kopf verbinden.
Die Schuhe können Sie häkeln oder aus Lederresten die Zwergenstiefelchen nähen.
Sind die Zwerge fertig gehäkelt, können sie diese »dekorieren«. Ein Schulanfänger erhält einen Zwerg mit Ranzen, ein Kindergartenkind einen Zwerg mit Kindergartentaschen und ein kleiner Patient bekommt einen Zwerg mit Schal.

Gestricktes für eine Schlittenfahrt

So eine bunte Mütze mit passenden Handschuhen wird schnell zum geliebten Begleiter bei jeder Schlittenfahrt.

Material
Esslinger Wolle trocken-wolle 64
100 g rot (Fb. 54)
100 g blau (Fb. 52)
je 50 g grün (Fb. 84) und natur (Fb. 73)
1 Rundstricknadel Nr. 4
1 Stricknadelspiel Nr. 4

Grundmuster
glatt rechts = Hinreihe rechts, Rückreihe links oder in Runden immer rechts.

Maschenprobe
20 Maschen und 26 Reihen = 10 × 10 cm.

Mütze

Für die linke Ohrklappe 6 Maschen in Rot anschlagen und 25 cm kraus rechts stricken. Weitere 11 cm glatt rechts stricken. Dabei an der rechten Seite der Arbeit 5mal 1 Masche in jeder dritten Runde und 2mal 2 und 1mal 3 Maschen in jeder vierten Runde zunehmen. An der linken Seite in jeder zweiten Runde 9mal 1 Masche und 4mal 2, 1mal 3 und 1mal 6 Maschen zunehmen (= 44 Maschen). Die Maschen stillegen.
Nun die rechte Ohrklappe gegengleich arbeiten.
Beide Teile zusammen auf eine Nadel nehmen und in Runden das Einstrickmuster weiterarbeiten, dabei in der sechsten Runde verteilt 4 Maschen abnehmen; um weitere 16 Maschen in der neununddreißigsten Runde mindern. Fortlaufend in jeder weiteren dritten Runde die dritte und vierte Masche zusammenstricken. Die restlichen Maschen zusammenziehen.
Die Mützenkanten in Weiß umhäkeln. Einen Pompon in Blau anfertigen und anheften.

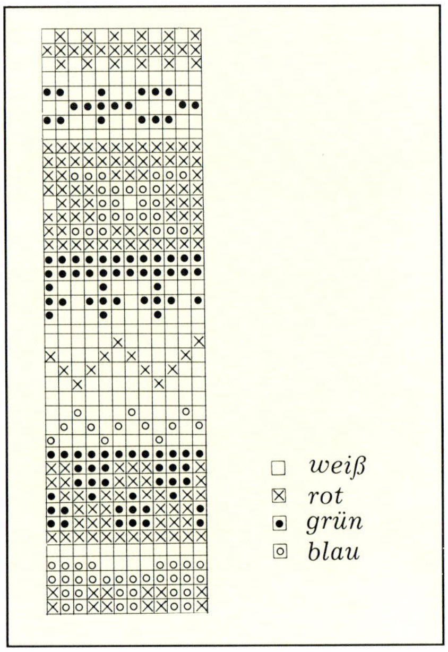

Die Farbverteilung je Mustersatz

Handschuhe

48 Maschen in Blau auf 4 Strumpfstricknadeln verteilt anschlagen. 9 cm in 1 rechts/ 1 links stricken. Dann für den Daumen die ersten 8 Maschen der ersten Nadel stillegen, dafür 8 Maschen neu anschlagen. Über die 48 Maschen 21 Runden im Einstrickmuster stricken.
Nun die Spitze in Grün durch Überziehen der Maschen (jeweils an der rechten und linken Seite des Handschuhs) arbeiten.
Für den Daumen die 8 stillgelegten Maschen wieder in Arbeit nehmen und aus der Anschlagkante darüber 6 Maschen zusätzlich aufnehmen.
In Rot 4 cm stricken, dann fortlaufend 2 Maschen rechts zusammenstricken. Restliche Maschen mit dem Fadenende zusammenziehen und vernähen.
Den linken Handschuh gegengleich arbeiten.

Geschenke für die Dame

Zauberhafte Seidentücher für einen eleganten Abend

Ein Schultertuch aus Seidenmaterial findet als Geschenk immer viel Bewunderung und Anerkennung. Die zahlreichen Techniken ermöglichen es jedem Hobbykünstler, ein zauberhaftes Tuch zu fertigen.

Ein anderes Blumenmotiv

Material
80 × 80 cm Seide oder Crêpe de Chine
1 Seidenmalereiset
1 Seidenmalrahmen
Transparent- oder Zeichenpapier
1 Filzstift
Nähutensilien

Spannen Sie den Seidenstoff mit Spezialstiften auf den Rahmen. Nun die Zeichnung in Originalgröße mit schwarzem Filzstift skizzieren und diese Vorlage unter die Seide schieben.
Die Konturen werden nun auf dem Stoff mit Gutta (Konturenpaste) nachgezeichnet und die Flächen nach dem Trocknen ausgemalt.
Möchten Sie zusätzliche Strukturen in größeren Flächen erzielen, so bestreuen Sie diese mit Spezialsalz. Die Innenfläche des Tuches wird mit breiten Pinselstrichen bemalt. Dabei muß zügig und ohne Unterbrechung gearbeitet werden, um Ansatzstreifen und Wasserflecke zu vermeiden. Auf die noch feuchte Farbe kann wieder etwas Salz gestreut werden.
Nach dem vollkommenen Trocknen das Salz sorgfältig entfernen, dann die Arbeit entsprechend den Farben nachbehandeln (Angaben auf den Farben beachten!) und das fertige Tuch mit Rollsaum einfassen.

Mit Fransen wirkt dieser Schal noch eleganter

Seidenschal mit Blumenornament

Wie vielfältig die Möglichkeiten der Seidenmalerei sind, sehen Sie an diesem Geschenkbeispiel – dem Seidenschal.

Dieses einfache Motiv ist leicht nachzuzeichnen

Material
Seidenschal
Seidenmalereiset mit Rahmen
Transparentpapier
Zeichenpapier und Bleistift
Kopierpapier

Auch hier wird zuerst das Motiv abgepaust und mit Kopierpapier übertragen. Nun den Schal mit Spezialstiften glatt auf den Rahmen spannen und die Motivzeichnung darunterschieben. Zunächst fahren Sie mit getönter Gutta die Konturen nach.

Nach dem Trocknen der Konturen beginnen Sie mit dem Ausmalen der einzelnen Motive. Dazu mischen Sie die einzelnen Farben. So erhalten Sie viele schöne Nuancen. Weitere Effekte können Sie erzielen, indem Sie in die noch nasse Farbe das Spezialsalz streuen. Dieses zieht dann einen Teil der Feuchtigkeit wieder heraus und läßt tropfenartige Musterungen entstehen.

Nach dem Austrocknen der Farben wird das Salz gründlich entfernt. Dann müssen Sie den Schal entsprechend der Farben nachbehandeln, damit die Malerei haltbar wird. Bei jedem Farbtyp ist in der Gebrauchsanweisung die genaue Art der Nachbehandlung angegeben, die unbedingt eingehalten werden muß.

Die Motivvorlage finden Sie im Anhang S. 125.

Broschen aus Seide

Ein sehr hübsches und schnell gearbeitetes Geschenk ist eine mit bemalter Seide bezogene Brosche.

Material je Brosche
10 × 8 cm Seide
Broschenrohling
Grundausstattung für Seidenmalerei

Die Aquarelltechnik eignet sich besonders, um auf kleinstem Raum etwas farblich lebhaft zu gestalten.
Zunächst spannen Sie die Seide mit Spezialstiften auf einen Rahmen. Nun wird der Stoff leicht angefeuchtet und die Farbe in schmalen Streifen aufgetragen. Jeder Farbauftrag sollte kurze Zeit antrocknen. Wo die Farbstreifen aneinanderstoßen, entstehen dunkle Ränder in den bizarrsten Formen.
Aber auch ganz zarte Malereien mit Gutta sehen sehr hübsch aus. Dabei wird dann nur der Hintergrund leicht eingefärbt.
Nach dem Färben schneiden Sie die Motive auseinander und kräuseln sie rundherum mit kleinen Heftstichen ein.
Nun können Sie leicht den Stoff über die Einlegplatte ziehen. Der Kräuselfaden wird festgezogen und verknotet. Die bezogene Einlegplatte auf die Grundplatte kleben und die Laschen vorsichtig umbiegen.

Ein kleiner Tip: Es ist ratsam, mehrere Motive nebeneinander zu setzen, die durch Guttastreifen voneinander getrennt werden. Dieses Verfahren erleichtert die Nachbehandlung.

Die Vielfalt der Möglichkeiten wird deutlich

Elegantes Brillenetui

Für jede Brillenträgerin das ideale Geschenk, schnell und einfach zu arbeiten.

Material
10 × 38 cm grobes Leinengewebe
10 × 38 cm Futterstoff
Stickgarn mit Goldfäden
Transparentpapier
Schneiderkopierpapier
Sticknadel ohne Spitze
Nähutensilien

Statt des Brokatgarns können Sie auch Sticktwist verwenden

Zunächst den Stoff zuschneiden, die Schnittkanten mit kleinen Zickzackstichen auf der Nähmaschine versäubern. Die Mittellinie markieren.
Nun wird das Motiv von der Vorlage S. 124 auf Transparentpapier kopiert und mit Schneiderkopierpapier auf den Stoff übertragen. Sticken Sie nun mit Stiel-, Ketten- und Knötchenstich das Motiv. Nach dem Vernähen der Fäden den Futterstoff zuschneiden. Diesen legen Sie nun rechts auf rechts gegen die obere Kante (10 cm) des Leinenstoffes und steppen ihn mit der Nähmaschine fest.
Die Naht ausbügeln und dann die Arbeit entlang der Mittellinie rechts auf rechts legen (Futter auf Futter, Leinengewebe auf Leinengewebe). Entlang der Seitenlinie zusammennähen. Dabei die untere Kante des Futterstoffes offen lassen. Die Arbeit wenden, das Futter einschieben und die Kante unsichtbar säumen.
Steppen Sie zum Schluß etwa 0,5 cm unterhalb der Öffnung entlang, damit das Futter nicht mehr herausrutschen kann.

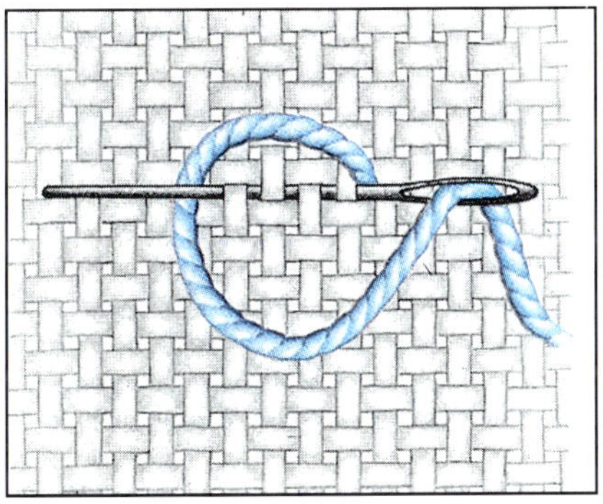

Kettstich: einstechen und den Faden um die Nadel schlingen

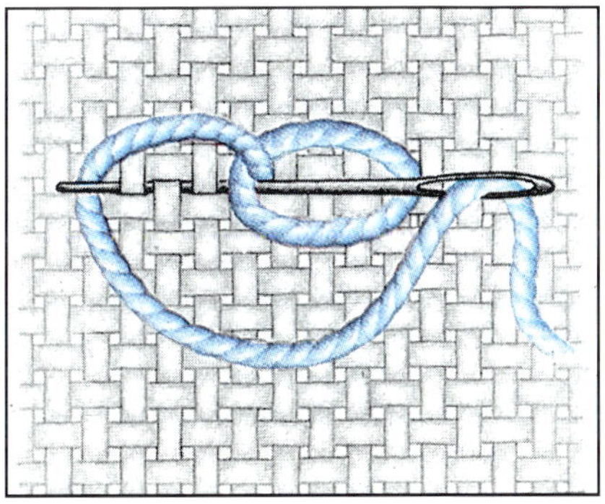

Den zweiten Stich in den ersten arbeiten

Gut zu erkennen, woher der Stich seinen Namen hat

Gewebter Damenpullover, einmal etwas Besonderes

Wer nicht nur stricken möchte, kann bei diesem Modell die Webtechnik mit berücksichtigen.

In dicker Wolle gearbeitet, ein idealer Winterpullover

Die Pappschablonen werden zunächst nach den Zeichnungen vorbereitet und mit der Baumwolle nicht zu straff bespannt.

Nun weben Sie das mittlere Rückenteil mit Bouclèwolle in Leinenbindung aus. Achten Sie darauf, daß Sie die Schußfäden nicht zu sehr anziehen.

Dann vergrößern Sie bei dieser Pappschablone den Halsausschnitt für das Vorderteil und spannen die Kette neu. Anschließend ausweben.

Der Ärmel besteht aus 2 Webteilen, deren Form mit »abgeschnittenen Dreiecken« verglichen werden kann. Damit die Ärmel die richtige Paßform erhalten, ist es unbedingt notwendig, die Pappschablone einmal von vorn und nach der Fertigstellung ein zweites Mal von hinten zu bespannen und auszuweben. Den zweiten Ärmel ebenso arbeiten.

Das Seitenteil wird 4mal bespannt und ausgewebt, das Bündchen 2mal. Für die Zopfborten 16 Maschen mit Mohairwolle anschlagen und ein einfaches Zopfmuster stricken. Dabei nach der achten Reihe mit dem Drehen beginnen. Alle Zopfborten entsprechend der Länge der Webteile stricken.

Nun vernähen Sie alle Fäden und fügen die Webteile mit den Strickteilen zusammen.

Für den Halsausschnitt werden nach einer Maschenprobe auf ei-

ner Rundnadel so viele Maschen (durch 11 teilbar) angeschlagen, daß der Kragen später ohne zu ziehen in das Webteil eingesetzt werden kann. Stricken Sie 20 cm im Zopfmuster hoch und nähen Sie den Kragen dann so an, daß beim Umschlagen die rechte Seite des Zopfmusters sichtbar wird. Die Arm- und Taillenbündchen im Zopfmuster ebenso arbeiten und von rechts an das Gewebe nähen.
Schnittmuster im Anhang S. 126.

Die Leinenbindung

Das fertig gewebte Vorderteil

Material
Pappe der Stärke 2 mm in den Größen:
52 × 30 cm für Vorder- und Rückenteil
50 × 30 cm für Ärmel
50 × 8 cm für Seitenteile
55 × 8 cm für Bündchen
ca. 1000 g Bouclèwolle
ca. 300 g passende Mohairwolle
ca. 50 g Baumwollkettfaden
Webnadel
Stricknadel Nr. 4
1 Spiel Stricknadeln Nr. 4
Stopfnadel ohne Spitze
Schere
Maßband

Wichtig: Schußfaden in leichtem Bogen legen

Die Seitenstreifen

Quergestrickter Damenpullover mit Einstrickmusterstreifen

Ein Pullover mit großer Wirkung, obwohl er schnell und einfach zu stricken ist.

Material
Esslinger Wolle
380 g sahara pink (Fb. 24)
60 g angora princess Rosa (Fb. 28)
1 Paar Schnellstricknadeln Nr. 3 und Nr. 3,5
1 Rundstricknadel Nr. 3 (50 cm lang)

Größe 38–42
Oberweite des Modells ca. 110 cm
Gesamtlänge 58 cm

Grundmuster
Hinreihe rechts, Rückreihe links stricken.
Einstrickmuster
Glatt rechts nach Zählmuster arbeiten.

Maschenprobe
25 Maschen und 33 Reihen = 10 × 10 cm.

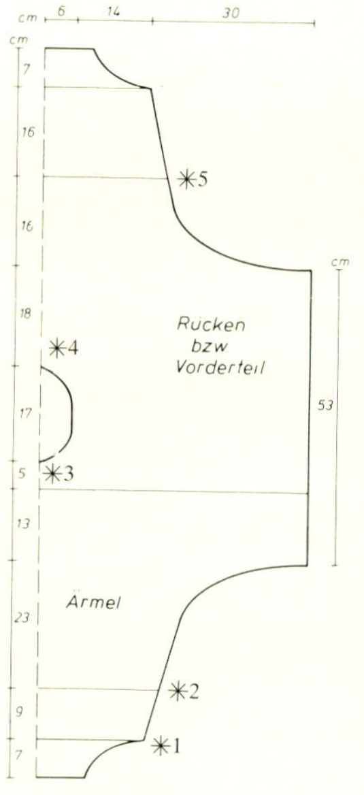

Schnittmuster

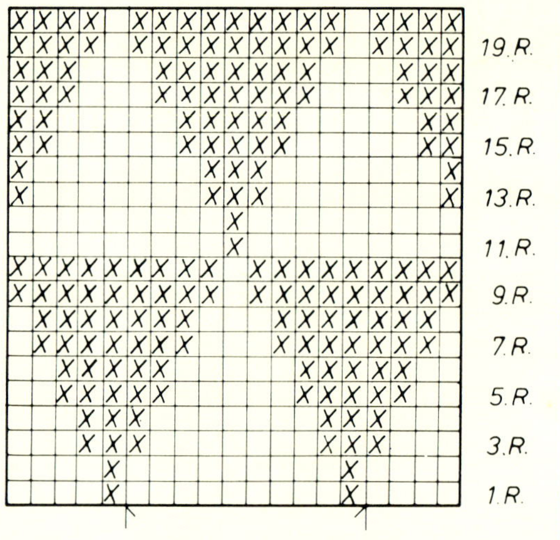

Einstrickmuster

Dieser Pullover wird ein einem Stück von Ärmel zu Ärmel gestrickt.

Vorder- und Rückenteil

Mit Nadeln Nr. 3 in Pink 51 Maschen anschlagen und 7 cm das Bündchen im Muster 1 rechts, 1 links stricken. Nach Beendigung des Bündchens nehmen Sie verteilt 49 Maschen in der ersten Reihe zu.
Stricken Sie nun mit Nadeln Nr. 3,5 weiter.
Ab (*1) in jeder sechsten Reihe nun beidseitig jeweils 1 Masche zunehmen, insgesamt 12 Maschen. Nach diesen Zunahmen 20 Reihen das Muster entsprechend der Zeichnung einstrikken und dann einfarbig weiterstricken. Um die Weite des Ärmels zu erhalten, nehmen Sie beidseitig (*2) in jeder zweiten Reihe 3mal 1 Masche, 4mal 2 Maschen, 3mal 3 Maschen, 3mal 4 und 2mal 5 Maschen zu.
Um die Gesamtlänge von 50 cm zu erhalten, müssen nochmals beiseitig 21 Maschen angeschlagen werden.
5 cm vor dem Beginn des Halsausschnittes beginnen Sie mit dem Einstrickmuster, das über 50 Reihen in Vorder- und Rükkenteil gearbeitet wird.
Hat Ihr Strickstück eine Gesamtlänge von 57 cm erreicht, so teilen Sie die Arbeit für 17 cm (56 Reihen) (*3). Ketten Sie für den Halsausschnitt in jeder

zweiten Reihe 1mal 8 Maschen, 2mal 2 Maschen und 3mal 1 Masche ab. Gegengleich nach 32 Reihen (*4) diese Maschen wieder aufnehmen und Vorder- und Rückenteil wieder zusammenfügen. Messen Sie hin und wieder das Vorderteil. Ist die Bündchenkante 53 cm lang, so nehmen Sie für den Ärmel wieder im gleichen Rhythmus die Anzahl der Maschen ab, die Sie zu Beginn zugenommen haben (*5). In unserem Modell wurde auch in den zweiten Ärmel das Muster über 40 Reihen eingestrickt; Sie können aber auch einfarbig weiterstricken. In der letzten Reihe vor dem Bündchen verteilt 49 Maschen durch Zusammenstricken abnehmen. Für das Bündchen wieder die Nadeln wechseln und im Bündchenmuster den Pullover beenden.

Fertigstellung

Aus den unteren Kanten von Rücken- und Vorderteil je 100 Maschen mit der Rundstricknadel in der Grundfarbe aufnehmen. Im Bündchenmuster 1 Masche rechts, 1 Masche links 8 cm stricken und im Maschenrhythmus abketten.
Die Seitennähte im Matratzenstich schließen.
Aus dem Halsausschnitt mit Nadeln Nr. 3 104 Maschen aufnehmen und auch hier ein Bündchen (2,5 cm) anstricken.
Anschließend alle Fäden vernähen und den Pullover spannen.

Dieser Pullover ist in jeder Jahreszeit tragbar

Gestrickte Wintergarnitur aus Angora

Kuschelig weich und besonders warm sind Stulpen, Mütze und Handschuhe aus Angora. Gerade das Richtige für den Wintersport.

Das Grundmuster ist glatt rechts

Material für die Mütze
40 g Austermann Angora (Farbe 417)
oder Royal Anjou Angora (Farbe 224)
1 Stricknadelspiel Nr. 3 und Nr. 4

Grundmuster
glatt rechts stricken:
Hinreihe – alle Maschen rechts stricken
Rückreihe – alle Maschen links stricken

Angora ist zwar ein etwas kostspieliges Material, dafür trägt es sich aber auch besonders angenehm.

Mütze

112 Maschen mit Nadelspiel Nr. 3 anschlagen und zur Runde schließen. Anschließend 2 cm glatt rechts stricken. 1 Runde im Lochmuster arbeiten und erneut im Grundmuster 2 cm stricken. Für die Zunahmen die Nadeln wechseln und mit Nr. 4 weiterstricken. Markieren Sie jede vierzehnte Masche und nehmen Sie 8mal in jeder dritten Runde jeweils 1 Masche vor den markierten Maschen zu (= 176 Maschen). Dann 10 cm gerade hoch stricken.

Nun in jeder zweiten Runde die zuvor markierten Maschen plus die nächste zusammenstricken. Die letzten 8 Maschen mit dem Endfaden zuziehen. Die untere Kante umlegen, so daß die Lochreihe Mausezähnchen ergibt.

Handschuhe

Material
60 g Anjou Angora (Farbe 224)
1 Stricknadelspiel Nr. 4

Mit doppeltem Angorafaden 50 Maschen anschlagen und 24 Runden stricken. Danach 16 Maschen verteilt abnehmen, und noch weitere 4 Reihen stricken.
Für den Daumenkeil am Anfang der ersten Nadel 1 Masche aus dem Querfaden verschränkt herausstricken. Dann in jeder dritten Runde 6mal vor und nach der letzten Zunahme je 1 Masche aus dem Querfaden herausstricken (insgesamt 13 Maschen). Nach weiteren 2 Runden die 13 Keilmaschen stillegen und 4 Maschen neu anschlagen. Über 38 Maschen 12 Runden stricken; alle Maschen stillegen.
Stricken Sie nun die Finger. Achten Sie darauf, daß Sie die Maschen für den Zeigefinger so abnehmen, daß einmal ein rechter Handschuh und einmal ein linker entsteht.
Zeigefinger: Von den stillgelegten Maschen 10 Maschen abnehmen und zwischen Zeige- und Mittelfinger 2 Maschen neu anschlagen. Über diese 12 Maschen 20 Runden stricken. Danach für die Spitze immer 2 Maschen zusammenstricken und in der nächsten Runde den Faden durch alle Maschen ziehen.
Mittelfinger: Von den stillgelegten Maschen je Seite 5 Maschen abnehmen und zwischen den Fingern je Seite 2 Maschen neu anschlagen. Danach über diese

14 Maschen 24 Runden stricken und wie beim Zeigefinger abnehmen.
Ringfinger: Wie den Mittelfinger arbeiten, jedoch nur 20 Runden stricken.
Kleiner Finger: Je Seite 4 Maschen und zwischen Ring- und kleinem Finger 2 Maschen neu aufnehmen. Über 10 Maschen 14 Runden stricken und die Maschen abketten.
Daumen: Die 13 Maschen vom Keil und über dem Keil 4 Maschen neu aufnehmen. In der ersten Runde die mittleren 2 Maschen dieser 4 Maschen zusammenstricken. Über 16 Maschen 16 Runden stricken und die Maschen wie bei den Fingern abketten.

Stulpen

Material
60 g Anjou Angora (Farbe 224)
Stricknadelspiel Nr. 3 und Nr. 4

Für die Stulpen 53 Maschen auf einem Nadelspiel Nr. 3 anschlagen und ein Bündchen (1 rechts/1 links) von 5 cm stricken. Nun die Nadeln wechseln und mit dem Nadelspiel Nr. 4 glatt rechts den Schaft stricken. Nach 35–40 cm (je nach Beinlänge) wieder ein Bündchen mit den Nadeln Nr. 3 stricken und abketten.
Bei allen Teilen die Endfäden gut vernähen.

Der Muff aus Pelzstrickbändchen

Ein Muff wie zu Omas Zeiten – ein Geschenk für den besonderen Geschmack.

Wie ein Muff aus echtem Pelz

Material
200 g Austermann Strickbändchen Wallaby
Stricknadeln Nr. 8
Stopfnadel ohne Spitze
Schere

Dieser Muff ist aus Pelzstrickbändchen gefertigt. Das Material gehört zu den Exklusivstrickgarnen und hat seinen Preis.
Mit ein wenig Phantasie können Sie für diesen Muff auch ein anderes Material hinzunehmen, so daß das Geschenk wohl seinen persönlichen Wert behält, aber die Materialkosten gesenkt werden. Damit das Material seine Wirkung nicht verliert, experimentieren Sie nicht mit dem Muster. Schlagen Sie 30 Maschen an und stricken Sie glatt rechts 50 cm hoch.
Die Maschen nicht abketten, sondern die offenen Maschen mit dem Überwendlingsstich an die Anschlagsmaschen nähen.
Damit der Muff nicht verlorengeht, befestigen Sie ein kleines Lederband an den beiden Seiten.

Das Känguruhgarn

Abendtäschchen aus Makramee

Durch die eingeknüpften Lurexfäden wirkt auch eine Makrameearbeit elegant.

Elegant durch den eingeknüpften Lurexfaden

Material
130 m Viskose-Makrameegarn (schwarz, 2 mm ∅)
16 m Lurexgarn (2 mm ∅)
1 Taschenbügel (15–16 cm lang)

Bevor Sie mit dem Knüpfen beginnen, müssen die Fäden zugeschnitten werden. Sie benötigen folgende Längen:
40 schwarze Viskosefäden (3 m lang)
4 schwarze Viskosefäden (2 m lang)
1 schwarzen Viskosefaden (0,5 m lang)
8 Lurexfäden (2 m lang)

Nehmen Sie 19 der 3 m langen Fäden doppelt und hängen Sie sie über 1 weiteren 3 m langen Faden ein. Mit allen diesen Fäden 7 Reihen versetzte Weberknoten arbeiten. Beginnen Sie die Rückseite der Tasche mit den restlichen 3 m langen Fäden ebenso.
Beide Seiten werden mit 1 Reihe Rippenknoten verbunden. Arbeiten Sie diese Reihe über den eingelegten 0,5 m langen Faden. Die Enden des eingelegten Fadens an der rechten oder linken Seite der Tasche verknoten. Hängen Sie an den Seitennähten jeweils 2 der 2 m langen Viskosefäden ein. Von nun an wird im Kreis gearbeitet.
Im Abstand von 4-18-4-18-4-18-4-18 Fäden je einen doppelt genommenen Lurexfaden einhängen.
Nun nach der Knüpfschrift versetzte Weberknoten und Rippenknoten arbeiten.
Den Boden aus 4 Reihen Rippenknoten fertigen. Dazu die Arbeit doppelt legen und auf der Vorderseite zuerst über einen Faden von rechts 1 Reihe Rippenknoten und dann 1 Reihe über einen Faden von links knüpfen. Nun die Tasche drehen und die Rückseite ebenso arbeiten. Alle Fäden auf der Tascheninnenseite miteinander verknoten und kurzschneiden. Die Tasche in den Bügel hängen und mit kleinen Stichen daran festnähen.
Wenn die Tasche ein Futter erhält, sind darin auch Kleinigkeiten gut aufgehoben.

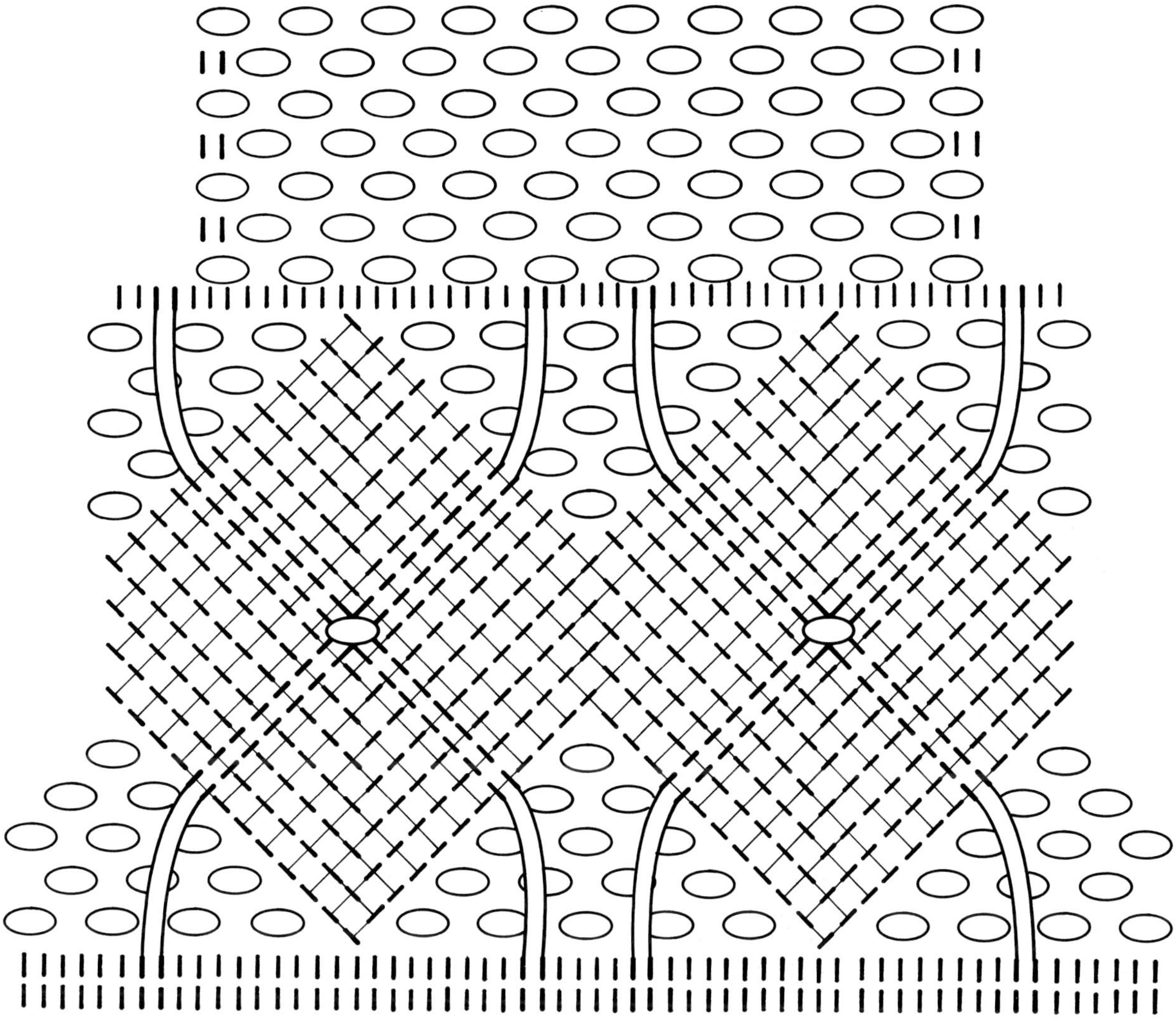

Knüpfschrift

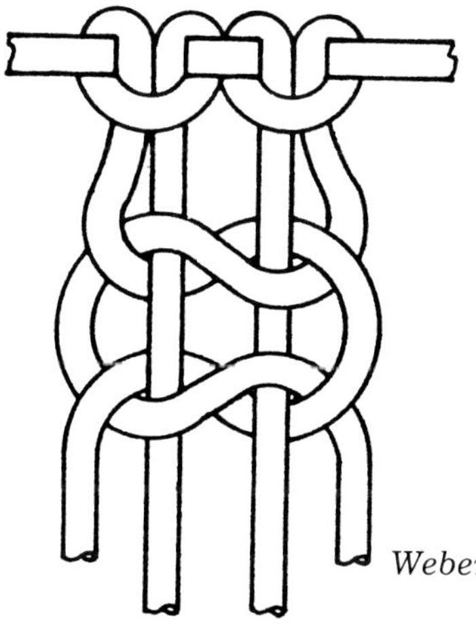

Weberknoten

Rippenknoten

Abendtasche mit geflochtenen Bändern

Flechten oder Weben mit Bändern ist eine sehr einfache Technik, die keiner besonderen Ausrüstung bedarf.

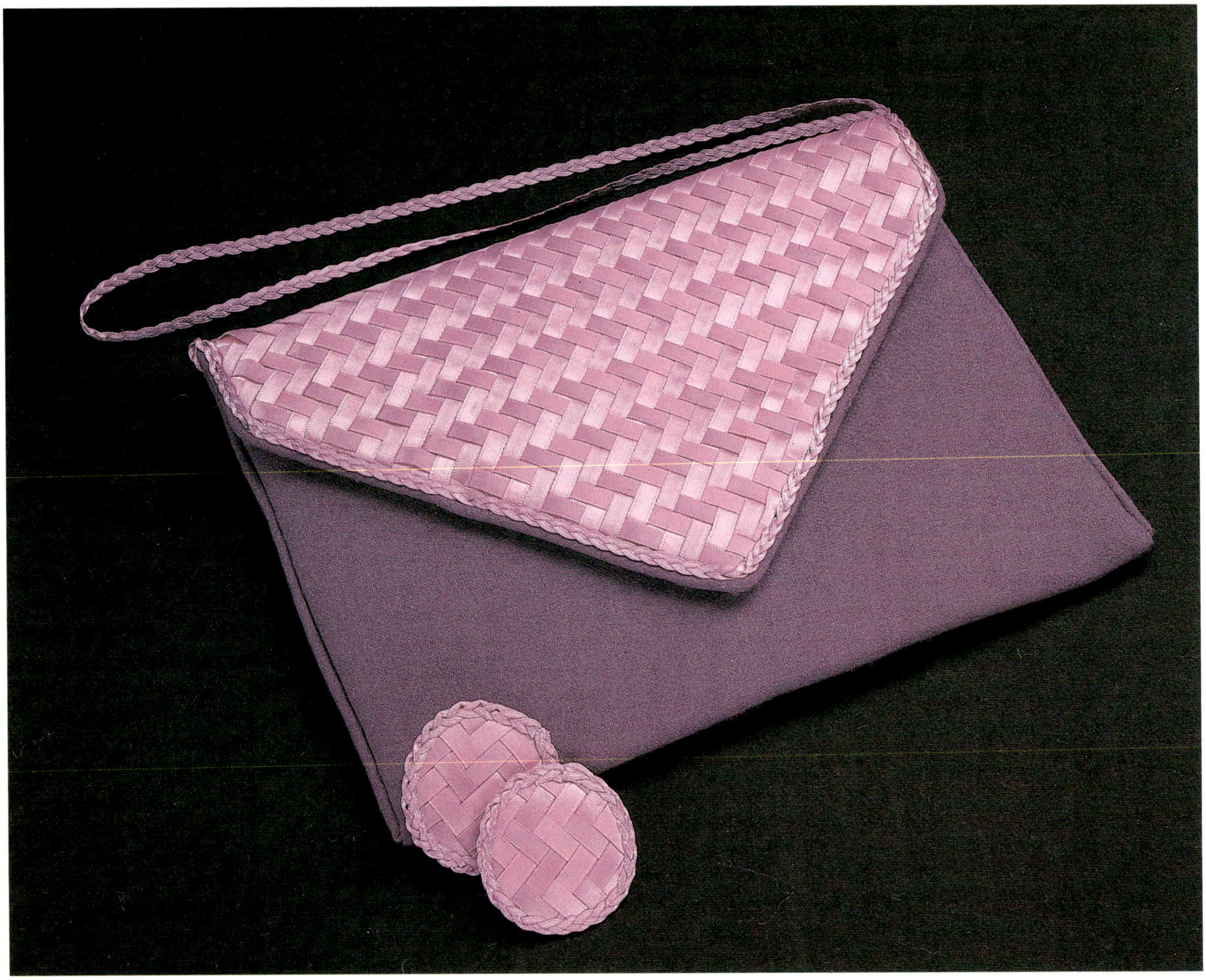

Zur Abendtasche können Sie passende Broschen und Ohrstecker arbeiten

Material 3 m Offray Satinband in Violett und Rosa, 0,9 cm breit	60 cm Satin, 80 cm breit 60 cm Vlieseline, 30 cm breit 60 cm Lagewatte, 30 cm breit Schere	Stecknadeln Nähutensilien

Zum Arbeiten benötigen Sie eine flachgepolsterte Fläche (zum Beispiel ein Bügelbrett), auf der Sie die Bänder feststekken können.

Auf der nicht klebenden Seite der Vlieseline markieren Sie mit einem Stift die Größe der Taschenklappe. Geben Sie 2,5 cm rundum an Saum zu.

Befestigen Sie die klebende Seite der Vlieseline zuoberst auf einem Bügelbrett und markieren Sie die Nahtzugabe nochmals deutlich.

Die Bänder, die die Kette bilden, werden zuerst zugeschnitten. Schneiden Sie jeweils 14 Bänder in Violett und Rosa, entsprechend dem Schnitt der Taschenklappe plus 2 cm, zu. Nun werden die Bänder, abwechselnd hell und dunkel, mit der matten Seite nach oben entlang der Saumlinie mit Stecknadeln befestigt. Die Kanten der benachbarten Bänder müssen sich berühren.

Schneiden Sie nun die Schußbänder zu. Weben Sie wie folgt:

Erste Reihe: Gehen Sie mit Violett über 2, unter 2, über 2, unter 2 Kettbänder.

Zweite Reihe: Gehen Sie mit Rosa unter 1, über 2, unter 2, über 2 bis zum Ende.

Dritte Reihe: Gehen Sie mit Violett unter 2, über 2, unter 2 bis zum Ende der Reihe.

Vierte Reihe: Gehen Sie mit Rosa unter 1, unter 2, über 2, unter 2 bis zum Ende.

Die Schußfäden mit Stecknadeln am rechten und linken Rand der Webfläche befestigen. Achten Sie darauf, daß bei den Schußfäden die glänzende Seite der Bänder nach oben zeigt. Nach der Fertigstellung stellen Sie Ihr Bügeleisen auf Wolle ein. Bügeln Sie vorsichtig über die Webarbeit. Die Stecknadeln sollten stecken bleiben, jedoch auch die Ränder gut festgebügelt werden. Dieses leichte Aufbügeln reicht, so daß die Bänder auf der Vlieseline haften. Nun die Nadeln entfernen und das Webteil von der linken Seite kräftig bügeln. Lassen Sie nun Ihre Webarbeit abkühlen. Arbeiten Sie die Tasche aus Seide oder Satin. Schneiden Sie für die Tasche 2mal 30 × 20 cm und 1mal Vlieseline von der gleichen Größe zu.

Bügeln Sie auf die linke Seite eines Teils die Vlieseline auf. Damit die Tasche »griffiger« wird, können Sie noch eine Lage Polyesterwatte einarbeiten. Anschließend die Stoffteile rechts auf rechts legen, stecken und die beiden Längsseiten und eine Kurzseite zusammennähen. Die Arbeit wenden und alle Nähte ausbügeln.

Unter die Webarbeit ebenfalls Satin arbeiten, das heißt, den Satin in der Größe der Webarbeit zuschneiden und beides rechts auf rechts legen, stecken und zusammennähen. Anschließend wenden.

Arbeiten Sie nun das Webteil in die noch offene Kurzseite der Tasche ein.

Den Stoff zur Tasche falten und die Seitennähte im Abstand von 0,5 cm vom Rand mit Steppstich absteppen.

Abschließend können Sie noch ein Flechtband im Bindestich auf der Taschenklappe befestigen, so daß die Naht zwischen Webfläche und Grundstoff nicht zu sehen ist.

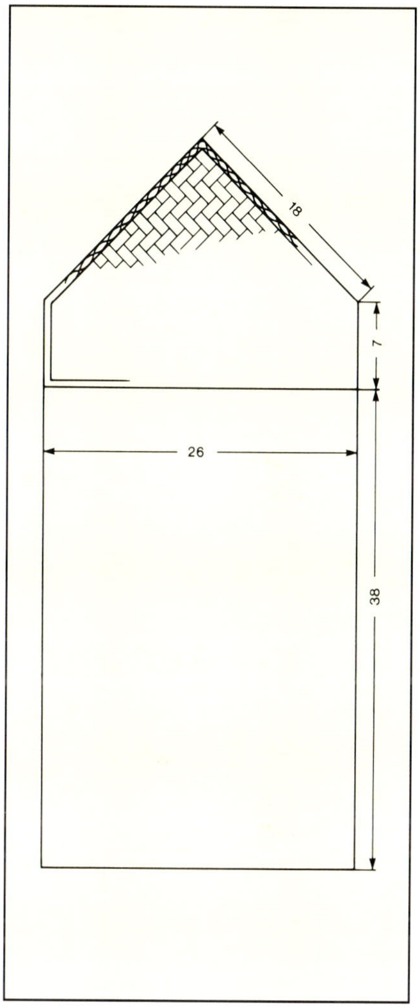

Der Schnitt der Tasche

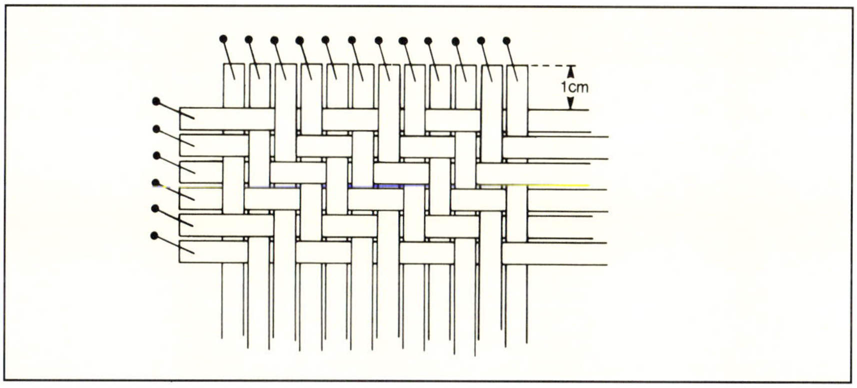

Das Schema des Flechtens

Taschentuch mit Monogramm

Schon unsere Großmütter schmückten ihre Spitzentücher mit Stickerei, und auch heute noch erfreut die Monogrammstickerei sich großer Beliebtheit.

Material
1 einfarbiges Taschentuch
Sticktwist
Bleistift
Transparentpapier und Schneiderkopierpapier
Nähutensilien
Stickrahmen und Sticknadeln

Zunächst spannen Sie das Taschentuch in einen kleinen Stickrahmen und übertragen mit Hilfe von Kopierpapier das abgepauste Monogramm.
Bevor Sie mit dem Sticken beginnen, sollten Sie den Twist für diese feine Stickerei teilen.
Nun die vorgezeichnete Fläche mit Vorstichen (1) umrahmen und mit dichten Vorstichen den Innenteil (2) der Form ausfüllen. Anschließend die Fläche mit Spann-(Platt-)stich (3) überstikken. Die Stickrichtung verläuft nun quer zu den unterlegten Stichen.

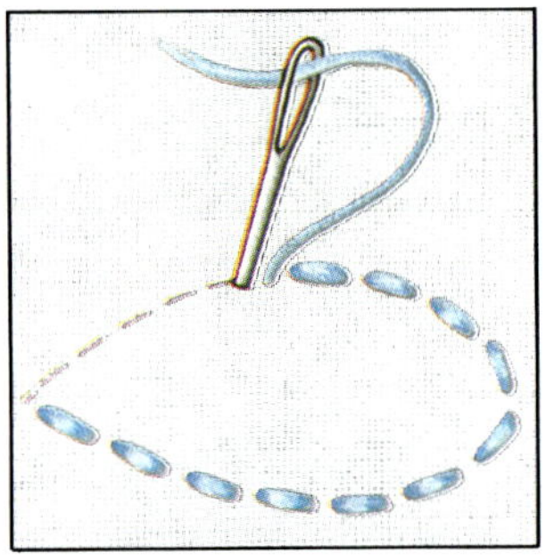

Die Kontur vorstechen

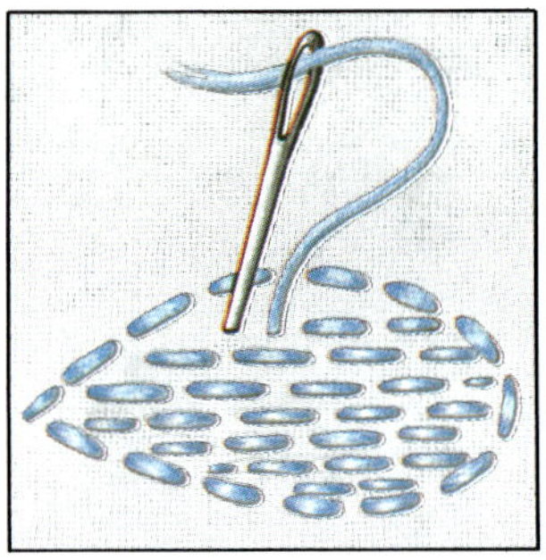

Im Vorstich unterlegen

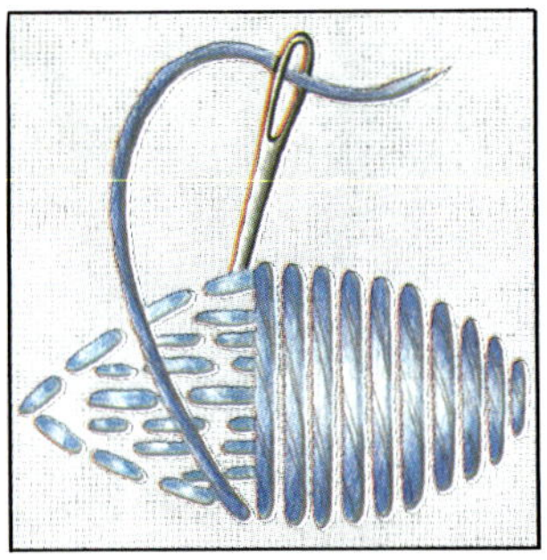

Mit Plattstich aussticken

Geschenke für den Herrn

Tabaksbeutel, speziell für Pfeifenraucher

Ideal für unterwegs, statt der festen Tabaksdose ein weicher Beutel aus Leder.

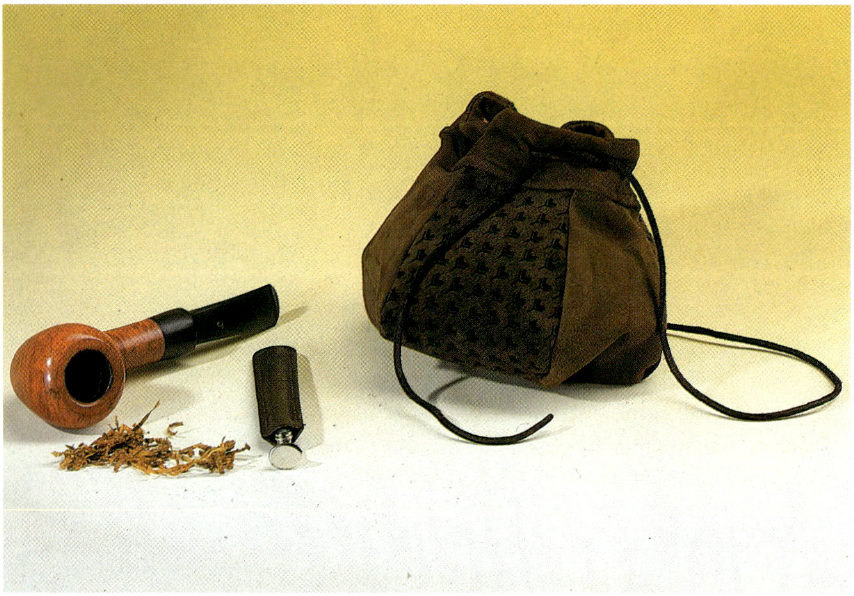

Wählen Sie Echt- oder Imitatleder

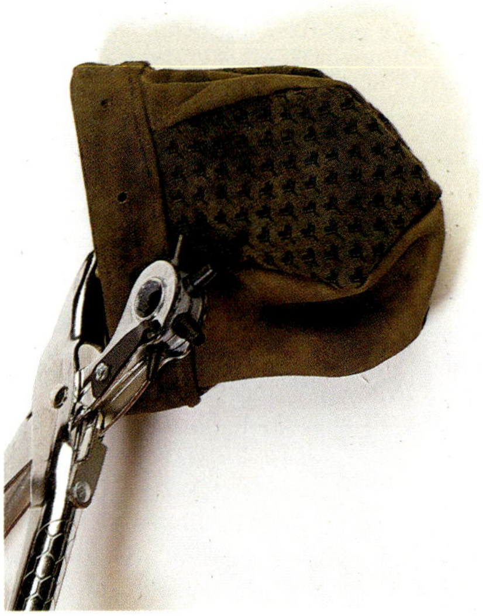

Löcher mit der Lochzange stanzen

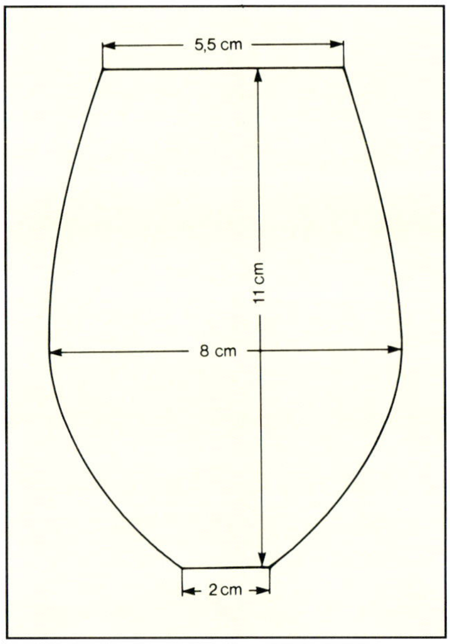

Schnitt für die Teilstücke

Das Schnittmuster 6mal aus Leder zuschneiden und zwei Teile rechts auf rechts aufeinanderlegen. Die Seitennaht 0,5 cm vom Rand absteppen (Stichlänge 4). Nun die übrigen Teile nacheinander jeweils rechts auf rechts an die bereits genähten anlegen und die Naht absteppen. Zum Schluß das erste und das sechste Teil rechts auf rechts aufeinanderlegen und steppen.
Nun jedes Teil entlang der Mittellinie falten und den ganzen Beutel gefächert aufeinanderlegen (die Seitennähte des oberen und unteren Teils liegen an der Seite). Den Boden zusteppen. Den Beutel können Sie etwas vergrößern, wenn Sie einen 4 cm breiten Streifen an die obere Kante wie ein Bündchen annähen.
Wenn Sie einen Beutel mit Futter versehen möchten, so nähen Sie den gleichen Beutel aus Futterstoff und ziehen beide links auf links ineinander.
Das Futter 2 cm vom oberen Rand einschlagen und feststeppen. Mit der Lederzange in jedes Schnitteil rechts und links von der Mittellinie ein Loch stanzen und das Lederband durchziehen.
Haben Sie nur hartes Leder zur Verfügung, so wird der Beutel schöner, wenn Sie die Seitennähte nicht nach innen arbeiten, sondern nach außen. Mit einem Zickzackstich oder mit dem Festonstich werden dann die Teile dekorativ aneinandergefügt.

Material
14 × 70 cm Leder oder Lederimitat
50 cm rundes Lederband
Lederlochzange
Lederspezialmaschinennadel

Elegante Lederhandschuhe

Mit diesem Geschenk werden Sie bestimmt bei Ihm gut ankommen.

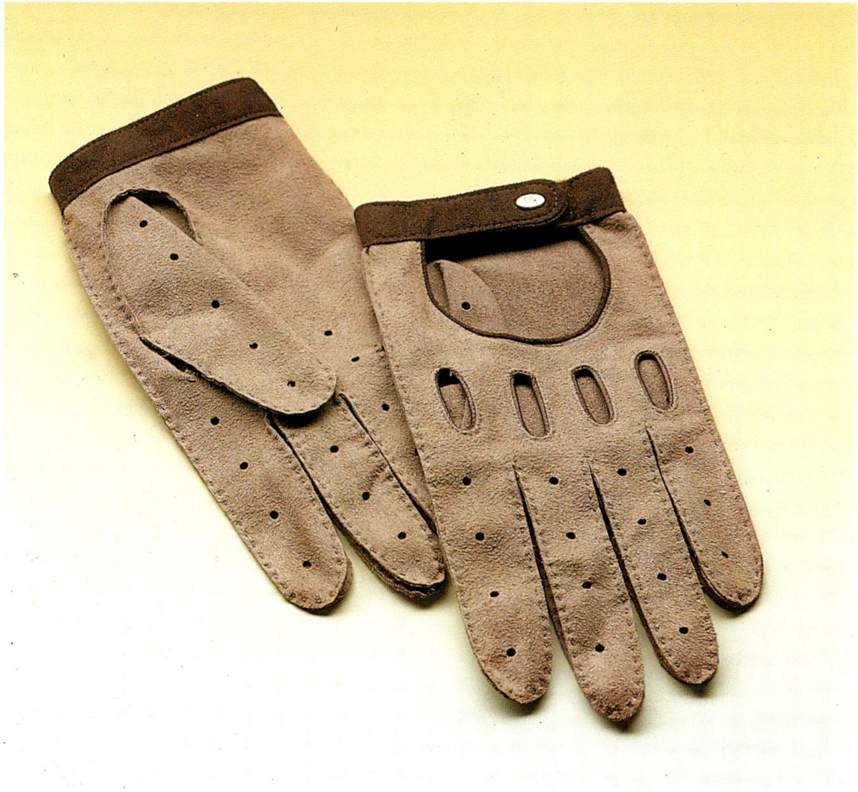

Diese leichten Handschuhe sind ideal zum Autofahren

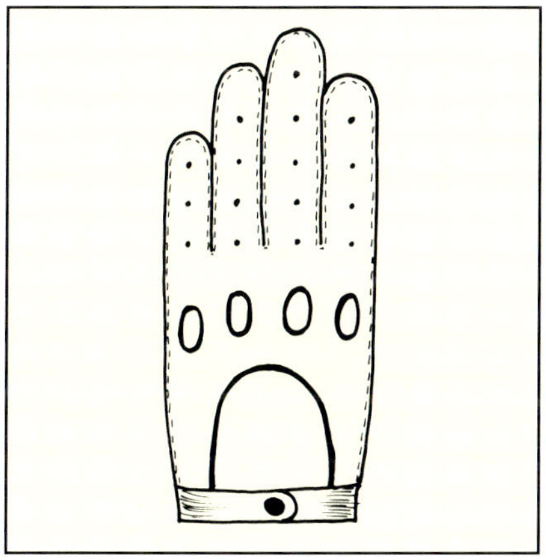

Handschuhoberseite

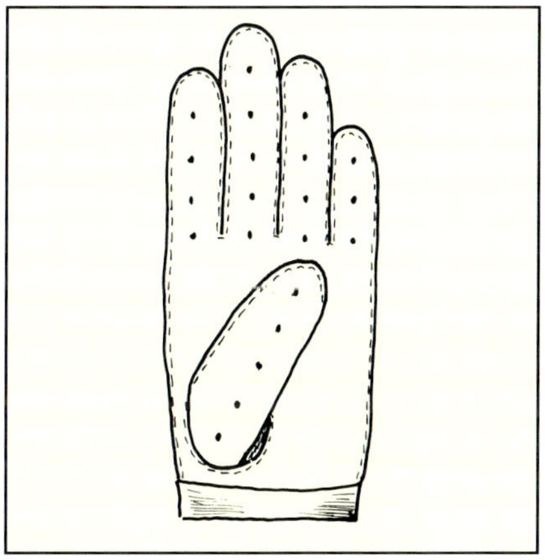

Handschuhinnenseite

Und so werden die Handschuhe gearbeitet: Zunächst kopieren Sie die Schnitte und übertragen sie ohne Nahtzugabe auf das Leder oder Lederimitat. Nun als erstes die schmalen Fingereinsätze mit der Nähmaschine zwischen den Fingern zusammennähen.

Dann werden die vier ovalen Öffnungen sowie die Rundung über dem Handrücken paspeliert.

Die Daumennaht von rechts mit Knopflochseide so mit der Hand steppen, daß eine Ziernaht entsteht. Nun steppen Sie alle schmalen Fingerteile entsprechend den Angaben zwischen die beiden Handteile ein, setzen den Daumen ein und schließen die Seitennähte.

Schneiden Sie einen langen Streifen (5 × 14 cm) aus festerem Leder zu, legen Sie ihn doppelt und nähen Sie ihn mit der Nähmaschine als »Bündchen« an den Handschuh.

Befestigen Sie nun den Druckknopf (im Fachhandel erhältlich) mit dem beigelegten Werkzeug. Zum Schluß stanzen Sie mit der Lochschere einige »Luftlöcher« ein. Dabei darauf achten, daß nicht aus Versehen die Seitenteile der Finger mitgelocht werden. Den zweiten Handschuh arbeiten Sie dann gegengleich.

Schnittmuster im Anhang Seite 126/127.

Material
22 × 80 cm feines Leder oder Lederimitat »Amaretta«
19 × 15 cm festeres Leder oder Lederimitat »Sofrina«
Knopflochseide
2 Druckknöpfe für Leder
Lochzange
Nähutensilien
Transparentpapier
Schneiderkopierpapier

Das persönliche Monogramm für Ihn

Ein sehr beliebtes Geschenk für Ihn ist ein Schal oder eine Krawatte mit dem persönlichen Monogramm.

Besonders elegant wirkt ein Seidenschal

Zunächst binden Sie sich selbst den Schal oder die Krawatte vor einem Spiegel, um die richtige Stelle für das Monogramm zu finden. Mit Stecknadeln markieren Sie die gewünschte Größe und den Sitz. Die entsprechenden Anfangsbuchstaben des Namens übertragen Sie nun mit Schneiderkopierpapier auf den Schal oder die Krawatte. Damit sich die Stickerei nicht verzieht, sollte die Arbeit in einen Stickrahmen eingespannt werden.
Teilen Sie zum Sticken den Twist. Ein dreifädiger Faden ist für die Stickerei auf Seide völlig ausreichend.
Die Buchstaben werden im flächenfüllenden Kettstich ausgestickt.

Die Anfangsbuchstaben finden Sie in diesem Alphabet

Material
Seidenschal oder Krawatte
Sticktwist
Sticknadel mit Spitze
Schneiderkopierpapier
Transparentpapier und Bleistift
Schere
Stecknadeln

Fliegen, nicht nur bei Damen groß in Mode

Diese Fliegen sind gerade bei den jungen Herren sehr beliebt, da sie poppig und frech sind.

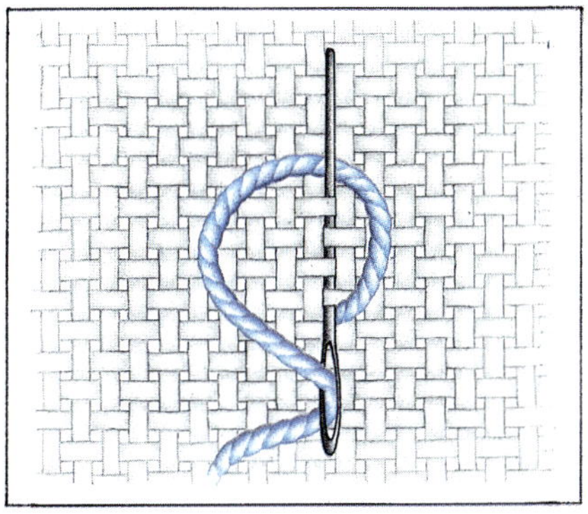

Mehrere Gewebefäden auf die Nadel nehmen

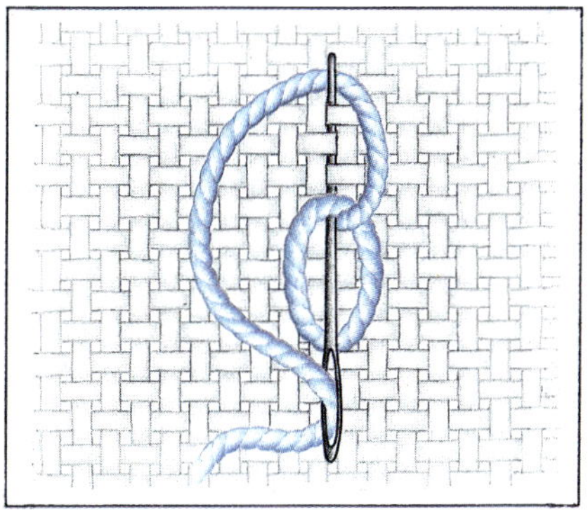

Nadel in die erste Ausstichstelle zurückführen

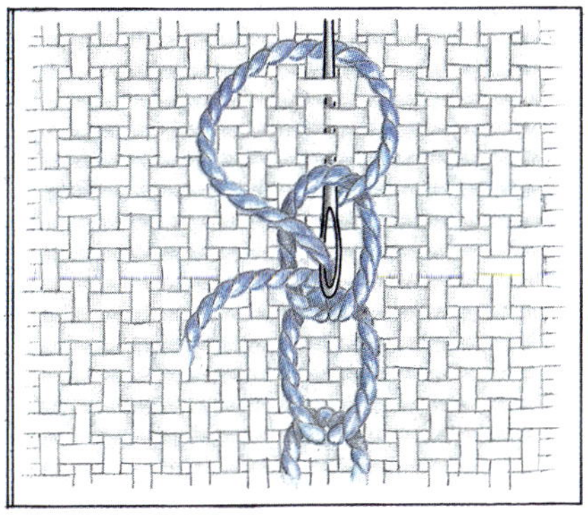

Immer den Faden unter die Nadel legen

Wählen Sie das Band passend zur Garderobe

Von dem schmalen Satinband 6 cm abschneiden und den Rest so doppelt legen, daß sich die Enden ca. 1 cm in der Mitte überlappen.

Das breite Satinband ebenfalls zur Schleife legen und dann mit wenigen Heftstichen in der Mitte der kleinen Schleife sorgfältig befestigen.

Damit die Nahtstelle verdeckt wird, über die Mitte das Reststück des schmalen Bandes legen. Dieses auf der Rückseite schließen und die Broschennadel mit wenigen Stichen gut und sicher befestigen.

Sie können die Schleifen in Farbe, Größe und Breite je nach Phantasie und Verwendungszweck selbst zusammenstellen. Die gezeigten Fliegen sind nur als Anregung gedacht.

Material
26 cm Offray Satinband, 6 cm breit
30 cm Offray Satinband, 2,3 cm breit
1 kleine Broschennadel
Nähutensilien

Herrenlederweste

Ein hübsches Geschenk für ihn ist diese praktisch-saloppe Weste, die aus Echtleder oder Lederimitat gearbeitet werden kann.

Material
Leder entsprechend der Schnittgröße
Spezialleder-Maschinennadel
Kopierpapier
Schere
Nähutensilien
Knöpfe

Ein einfacher Westenschnitt

Einen Papierschnitt in Originalgröße nach dem abgebildeten Schnittschema anfertigen. Die Schnitteile zum Lederkauf mitnehmen.
Da Wild- oder Nappaleder nicht gerade billig ist, lohnt es sich, die Schnitteile vor dem Kauf aufzulegen. Somit ergibt sich auch der exakte Materialverbrauch.

Fertigung

Schnitteile auf die rechte Seite legen. Die Saumzugabe beträgt etwa 1,5 cm. Für die Verschlußleiste des Westen-Vorderteils rechnen Sie etwa 8 cm, die sich allerdings bis zum Halsausschnitt auf 4 cm verjüngen. Die Saumkanten umschlagen, anpressen und evtl. mit einem Spezialkleber auf der Innenseite ankleben.
Sehr effektvoll ist eine Absteppnaht, die gleich zwei Funktionen erfüllt: die Saumkante wird angesteppt, und mit Hilfe einer feinen Knopflochseide erzielen Sie noch einen Ziersticheffekt.
Wenn Sie die Weste mit Futterseide abfüttern möchten, die Schnitteile auf Seide auflegen und zuschneiden. Die Seide kann bei den Außenabsteppnähten gleichzeitig mitgefaßt werden; lediglich an der Verschlußleiste wird das Futter blind angeheftet.

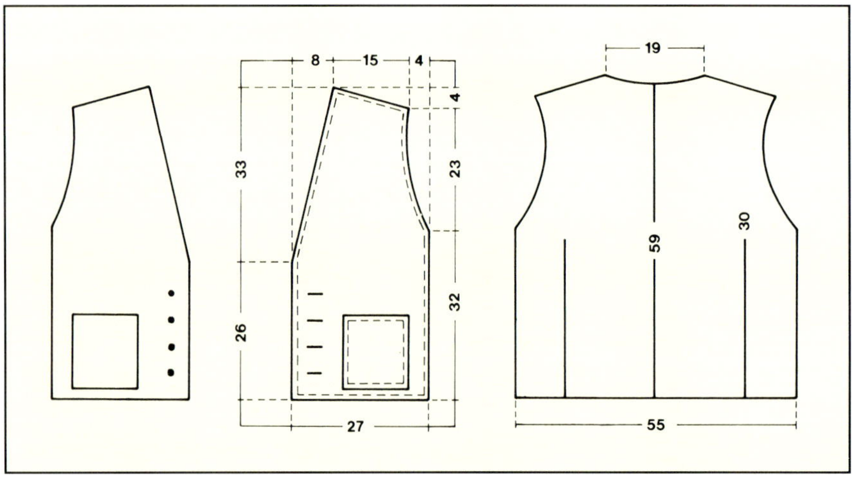

Der Schnitt besteht aus drei Teilen

Taschen

Die Außenmaße der Tasche sind 14 × 14 cm. Nahtzugabe für die Außenkanten 2 cm, für den Tascheneingriff 4 cm.
Das Leder nach innen einschlagen und anpressen, evtl. kleben. Vor dem Auflegen auf das Vorderteil der Weste die Oberseite (Eingriff) mit einer Steppnaht (4–5 cm Länge) absteppen. Anschließend vor dem Abfüttern die Taschen markieren, auflegen und abnähen. Für eine gute Paßform sind die Abnäher im Rükkenteil der Weste unerläßlich. Die Nahtbreite des Abnähers beträgt etwa 1 cm. Diesen abnähen, dann aufschneiden und anpressen. Der offen gepreßte Saum liegt besser an, wenn Sie die Saumkanten ankleben.

Knopflöcher

Knopflöcher auf der Verschlußleiste markieren. Zunächst ein Probeknopfloch auf einem Lederrest nähen, dann die Spannung, Stichbreite und Stichlänge prüfen und den Knopf testen.

Auch Borten können aufgesteppt werden

Tips für die Verarbeitung von Leder

Für eine gute, haltbare Naht ist die Wahl des Fadens und der richtigen Spezialnadel unerläßlich.

Feines Leder, Wildleder, Ziegenleder:
Nadel: 130/705 H – LR
Stärke 80–90
Nähfaden: Nähseide, Synthetic-Faden

Kunstleder:
Nadel: 130/705 H – PCL
Stärke 80–100
Nähfaden: Nähseide, Synthetic-Faden

Aufgetrennte Stiche hinterlassen Einstichspuren. Es ist daher unerläßlich, Leder besonders sorgfältig zu nähen.
Die Stichlänge nicht zu klein einstellen, etwa 2–3 mm. Die ausgenähte Naht wird bei Nahtbeginn und Nahtende verknotet. Die Befestigung mit einigen Rückwärtsstichen ergibt ein häßliches Nahtbild.
Die fertige Naht wird von Hand ausgestrichen oder mit einem kalten Bügeleisen angepreßt. Um flache Nahtränder zu erzielen, benutzen Sie einen geeigneten Kleber. Noch besser ist es allerdings, Nahtränder mit Zierstepp oder mit automatischen Ziernähten abzunähen.

Wieder ganz groß in Mode: die Hosenträger

Mit diesen gewebten Hosenträgern steht »Er« sofort im Mittelpunkt.

Die Länge der Träger entsprechend der Körpergröße bestimmen

Material
Weißer Baumwollzwirn (30 tex 6) für die Kette
farbige Garnreste für den Schuß
Webnadel
Kleiner Bandwebstuhl
Lederreste
Klebstoff für Leder

Schneiden Sie 24 Fäden mit einer Länge von 2,30 m je Faden für die Kette zu. Beim Kammeinzug sollten Sie darauf achten, daß 4 Fäden auf 1 cm und die äußeren Randfäden doppelt eingezogen werden.
Zunächst ein buntes Band von 80 cm Länge weben, dann nach 15 cm Abstand ein zweites Band entsprechend arbeiten. Schlagen Sie die Schußfäden so dicht aneinander, daß die Kette nicht mehr zu sehen ist (Schußrips).
Nun die beiden Bänder auseinanderschneiden. Verknoten Sie jeweils zwei Kettfäden fest miteinander und ziehen Sie die Enden unsichtbar in das Gewebe zurück. Aus den Lederresten die Laschen und den Riegel nach der Zeichnung zuschneiden. Die Teile werden auf der Innenseite mit Lederklebstoff bestrichen und die gewebten Bänder vor dem Zusammenkleben zwischen die Laschen gelegt. Für den rückwärtigen Riegel beide Träger im Winkel von 10° einschieben, alle Lederteile knappkantig steppen.
Schnitt im Anhang S. 123.

Freizeithemd im hanseatischen Stil

So ein Fischerhemd aus leichtem Baumwollstoff wird auch in südlicheren Gebieten gerne als Freizeithemd getragen.

Durch die Wahl des Stoffes wirkt das Hemd hanseatisch

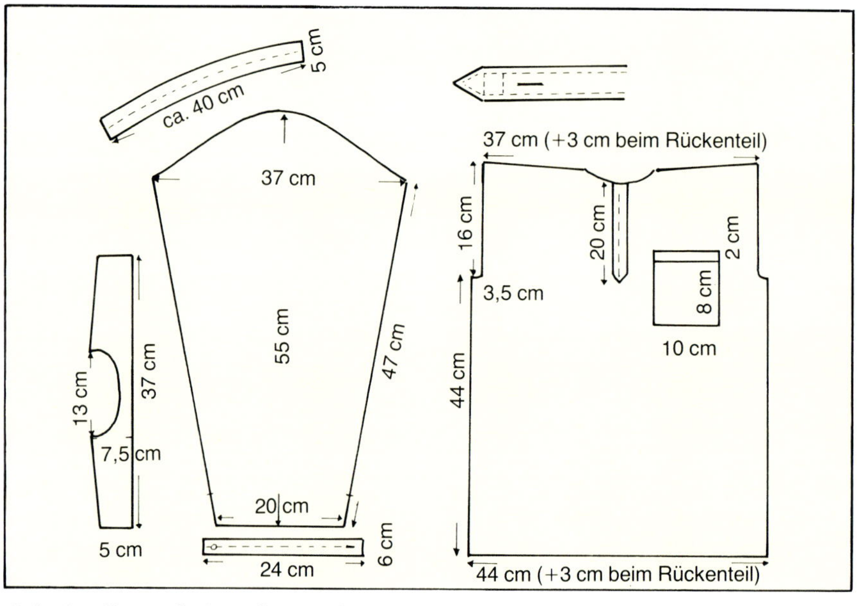

Schnitteile nach Angabe zuschneiden

Vergrößern Sie sich zuerst den Schnitt entsprechend den angegebenen Maßen auf Schneiderkopierpapier und schneiden Sie die Stoffteile mit 1 cm Nahtzugabe zu. Um ein Ausfransen zu vermeiden, werden alle Schnittkanten mit Zickzackstich eingefaßt.

Das Rückenteil mit dem Steppstich an die Passe nähen; dabei die beiden Falten beachten. Die Schultern (Vorderteil und Passe) zusammennähen.

Nun fügen Sie die offenen Ärmel jeweils glatt in die Ärmelöffnungen ein.

Die Tasche mit der Passe versehen, säumen und auf das Hemd nähen.

Für die Knopfleiste vom Halsausschnitt 19 cm in der Mitte des Vorderteils einschneiden. Entlang der rechten Kante nähen Sie einen 20 cm langen und 4 cm breiten Streifen von der linken Seite dagegen, schlagen im Stoffbruch nach außen um, säumen die lange Kante und steppen den Streifen von rechts ab.
Linke Einschnittkante ganz schmal säumen. Legen Sie den doppelt gelegten Stoffstreifen von 22 cm Länge nach der Zeichnung auf und steppen ihn mit der Maschine von rechts fest. Beide Teile der Knopfleiste liegen nun genau übereinander.
Die beiden Kragenteile nähen Sie gegeneinander und setzen den Kragen in den Halsausschnitt ein.
Anschließend Seite und Armnähte schließen und die Schlitze säumen. Dann die Armbündchen ansetzen und die 3 Knopflöcher am Ausschnitt arbeiten, ebenfalls je 1 Knopfloch an den Armbündchen. Zum Schluß werden die Knöpfe angenäht und die Nähte von links gut ausgebügelt.

Tip:
Ist das Hemd als Geschenk für einen »kräftigeren« Herrn gedacht, ändern Sie aus einem passenden Schnittmuster den Stil zum Fischerhemd ab. Die weitere Arbeitsweise bleibt dann die gleiche.

Material (Kragenweite 38–40)
1,5 m Baumwollstoff, 1,20 m breit
5 Knöpfe
Schneiderkopierpapier
Nähutensilien

Krawatte und Fliege aus Seide

Schnell und einfach entstehen die schicksten Krawatten und Fliegen in der Seidenmaltechnik.

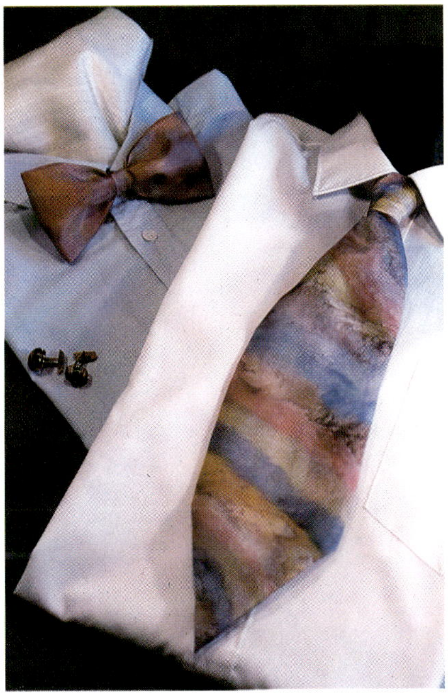

Hier wurde die Salztechnik angewendet

Zunächst spannen Sie die Seide auf einen Rahmen mit Spezialstiften und ziehen von oben nach unten 20 cm vom Rand einen Guttastreifen, damit die Farbe nicht über die ganze Seide laufen kann. Der Abstand vom Rand sollte ca. 2 cm betragen.
Nun können Sie je nach Garderobe in verschiedenen Techniken und Farbzusammenstellungen arbeiten. Für diese Beispiele wurde die Salztechnik verwendet. Mischen Sie die gewünschten Farbtöne auf einer Palette zusammen und tragen Sie diese mit zügigem Pinselstrich von oben nach unten auf dem Streifen auf. In die noch feuchte Farbe streuen Sie nun ungleichmäßig verteilt das Spezialsalz und lassen alles gut trocknen. Anschließend das Salz herunternehmen und die Seide entlang des Guttastreifens schneiden.
Die Nachbehandlung der Seide muß nun, wie in den Gebrauchsanweisungen zu den Farben beschrieben, erfolgen. Nach dem Fixieren schneiden Sie die Krawatte zu und füttern sie von der linken Seite mit passendem Futterstoff.
Für eine Fliege benötigen Sie einen 50 cm langen Seidenstreifen. Nach dem Färben wird auch dieser Streifen gefüttert. Anschließend legen Sie die Fliege zusammen und heften sie mit wenigen unsichtbaren Stichen.
Um das schnelle Knittern der Seide und das ständige Binden zu vermeiden, nähen Sie die Fliege auf ein breites Gummiband, das im Nacken einen Hakenverschluß hat.

Material
ca. 1,20 m dickere Seide
Seidenmalereiset mit Rahmen
Pinsel
Nähutensilien
Futterstoff

Eine Jacke für die zünftige Wanderung

Eine klassische Trachtenjacke mag jeder Mann, denn sie ist nicht nur kleidsam, sondern auch gebrauchstüchtig.

Grundmuster: Perlmuster

Material (Größe 50/52)
Busse-Wolle
1100 g Bayerische Trachtenwolle in Grau (Nr. 7120); Lauflänge 100 g = 100 m
Je 1 Paar Stricknadeln Nr. 5 und 6
6 Knöpfe

Maschenprobe
13 Maschen und 24 Reihen = 10 × 10 cm

Die Jacke wird nach der Schnitt- und Musterzeichnung gestrickt.

Rückenteil

Mit Nadeln Nr. 5 die Maschen anschlagen und das Bündchen stricken, dann mit Nr. 6 weiterarbeiten und die Maschen auf der 1. Nadel wie folgt einteilen: Randmasche, 5 Maschen Perlmuster, 6 Maschen rechts für den Zopf, rechts gedreht, 56 Maschen Perlmuster, 6 Maschen für den Zopf links gedreht, 5 Maschen Perlmuster, Randmasche. Bei 35 cm ab Bündchen für die Armausschnitte beiderseits 5 Maschen abketten. Nach weiteren 25 cm für die Schulter die Maschen in jeder 2. Reihe abketten. Die restlichen Maschen auf einen Hilfsfaden legen.

Rechtes Vorderteil

Mit Nadeln Nr. 5 die Maschen anschlagen und für das Bündchen wie folgt einteilen: Randmasche, 5 Maschen Perlmuster, 36 Maschen Bündchenmuster, Randmasche, das Bündchen stricken, dann mit Nadeln Nr. 6 weiterarbeiten und die Maschen auf der 1. Nadel wie folgt verteilen: Randmasche, 5 Maschen Perlmuster, 6 Maschen rechts für den Zopf, links gedreht, 19 Maschen Perlmuster, 6 Maschen rechts für den Zopf, links

gedreht, 5 Maschen Perlmuster, Randmasche.
Bei 14 cm Höhe ab Bündchen die mittleren 17 Perlmaschen für den Tascheneingriff im Bündchenmuster stricken, die anderen Maschen im Muster weiterführen. Nach 4 cm im Bündchenmuster die 17 Maschen lokker abketten. Mit extra Nadeln 17 Maschen anschlagen und für den Taschenbeutel 18 cm hoch stricken und anstelle der abgeketteten Maschen einfügen.
Bei 35 cm ab Bündchen die letzten 5 Maschen abketten.
Bei 60 cm Gesamthöhe für den Halsausschnitt die ersten 12 Maschen stillegen; in jeder 2. Reihe abnehmen. Die Schulter wie beim Rückenteil arbeiten.

Linkes Vorderteil

Das linke Vorderteil wird gegengleich gearbeitet, die Zöpfe werden nach rechts gedreht.
In die durchlaufende Perlmusterblende 5 Knopflöcher im Abstand von 11 cm einstricken, das 1. in die Mitte des Bündchens. Für jedes Knopfloch 2 Maschen abketten und in der nächsten Reihe wieder aufschlagen.

Ärmel

Mit Nadeln Nr. 5 die Maschen anschlagen und das Bündchen stricken, dann mit Nr. 6 im Perlmuster weiterarbeiten, dabei in der 1. Reihe verteilt 6 Maschen zunehmen.
Die Zunahmen für die Armerweiterung erfolgen beiderseits in jeder 6. Reihe. 3 cm gerade hoch stricken und bei 55 cm Gesamthöhe alle Maschen abketten.

Fertigstellung

Die Schulter- und Seitennähte, die Ärmelnähte bis auf die letzten 3 cm schließen.
Die Taschenbeutel unsichtbar auf der linken Seite festnähen.
Für den Halsausschnitt die 12 Maschen des rechten Vorderteils, 9 Maschen aus dem Ausschnitt, die Maschen vom Rückenteil, 9 Maschen aus dem Ausschnitt und die Maschen des linken Vorderteils auf die Nadel nehmen. Die Maschen für die vorderen Blenden weiter im Perlmuster, die anderen Maschen im Bündchenmuster strikken, am linken Vorderteil das 6. Knopfloch einstricken. Nach 4 cm alle Maschen abketten.
Die Ärmel einsetzen und die Knöpfe annähen.

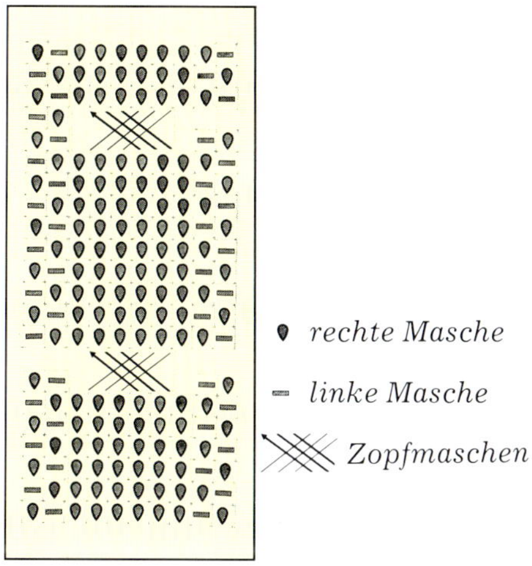

Strickschrift für das Zopfmuster

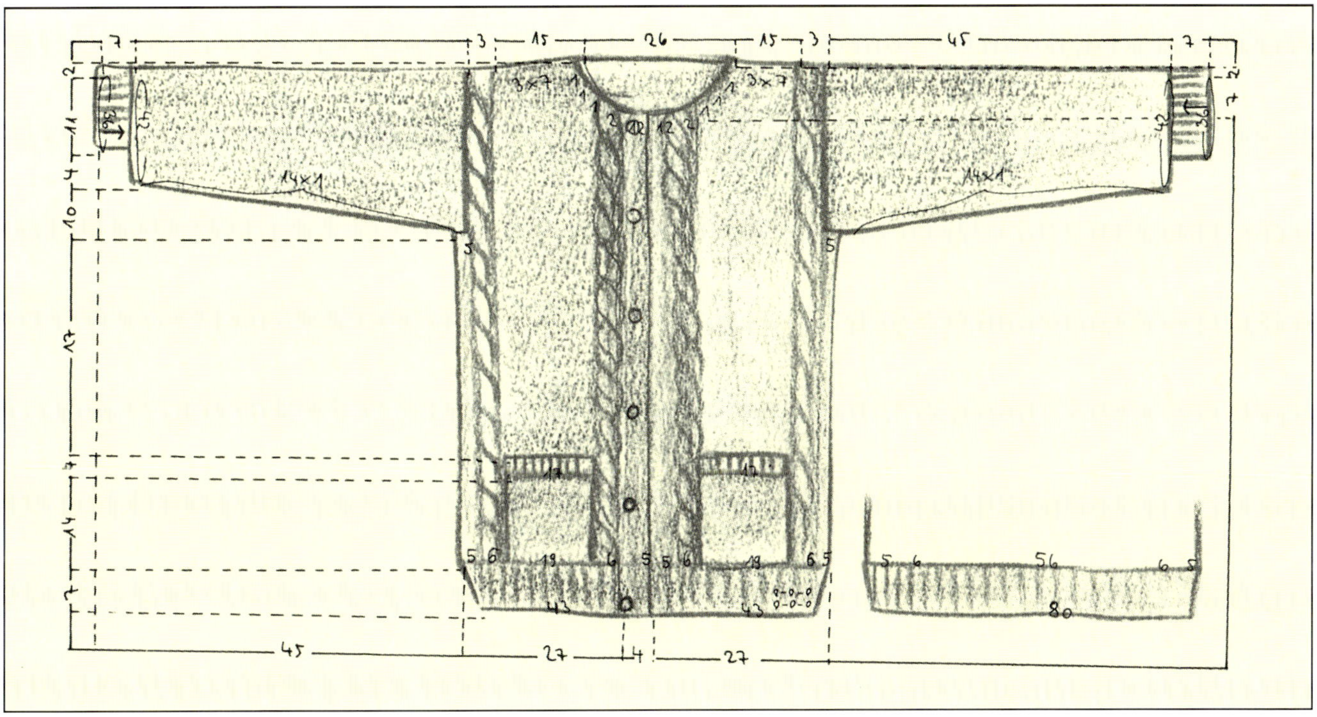

Geschenke zu jeder Gelegenheit

Dekorative transparente Gewebe für das Fenster

Gewebte Bilder müssen ihren Platz nicht nur an der Wand finden. Gerade Transparentgewebe eignen sich hervorragend als Fensterschmuck.

Phantasie- und gegenständliches Gewebe

Skizzieren Sie sich zuerst ein Motiv in Originalgröße. Diese Vorlage legen Sie während des Webens unter den Metallrahmen.
Nun spannen Sie die Kette mit dem Leinengarn. Knoten Sie links oben ca. 3 cm vom Rahmen entfernt den Faden fest. Jetzt führen Sie diesen nach unten und umwickeln den Rahmen 3mal. Der Faden wird wieder nach oben geführt und um den oberen Rahmen gewickelt. Ziehen Sie den Faden vor jedem Wickeln kräftig an. Die fertig gespannte Kette sollte aus ca. 5 Fäden je 1 cm bestehen. Auf der rechten Seite wird der Endfaden im Abstand von 3 cm vom Rand festgeknotet.
Legen Sie den Entwurf unter die Kette und weben Sie der Zeichnung entsprechend in Leinenbindung das Motiv. Wichtig ist, daß Sie die Fadenanfänge und -enden gut vernähen.
Einzelne Konturen können im Sumakstich oder mit ägyptischer Schlinge betont werden.
Kleine Bambusstäbe können den Metallrahmen ersetzen. Für das Baummotiv haben die Stäbe eine Länge von 30 cm. Damit die Kette gleichmäßig gespannt werden kann, sollten Sie die Stäbe auf einem Hilfsrahmen befestigen.
Nach dem Spannen der Kette weben Sie zunächst den Boden mit verschiedenen Garnsorten in Leinenbindung aus. Anschließend arbeiten Sie den Stamm. Soll der Stamm eine Struktur erhalten, so wählen Sie verschiedene Webarten, wie Körper- oder Sumakbindung.
Die Baumkrone wird in Bouclé-wolle gearbeitet und kann ihre Struktur durch verschiedene Bindungen erhalten. Bei diesem Motiv wurde während des Webens ein Kreis ausgespart, in dem später 1 Ast und 2 Blätter aus Perlgarn eingewebt wurden. Zusätzlich wurden die Blätter bestickt.
Das fertige Bild kann nach dem Vernähen der Fäden aus dem Hilfsrahmen gelöst und mit den Bambusstöcken am Fenster aufgehängt werden.

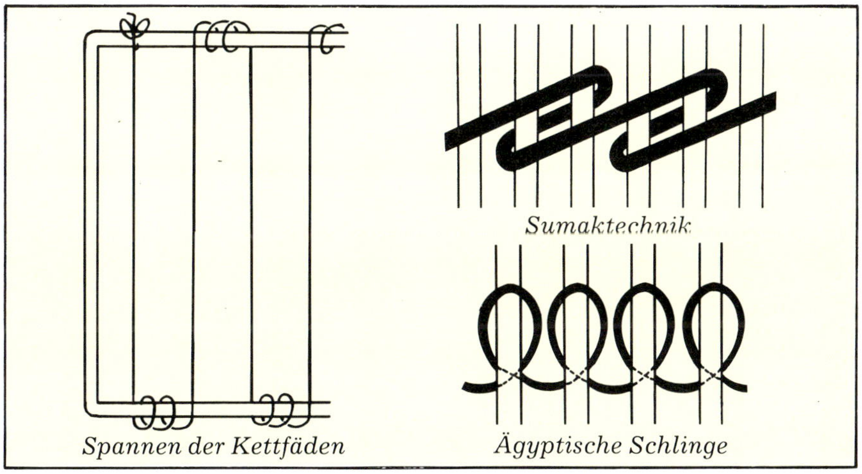

Spannen der Kettfäden

Sumaktechnik

Ägyptische Schlinge

Material für das rote Phantasiegewebe
1 Metallrahmen (24 × 24 cm)
40 g Leinengarn 4/1
Glanzfaden in der gleichen Farbe
1 Webnadel
Nähutensilien

Spitzenbilder im Reifen

Immer beliebter werden transparente Fensterbilder mit Spitzenbesatz, die individuell gestaltet sind.

Vögel im Nest

Baum im Frühling

Blütenkorb

Schneiden Sie den Tüll entsprechend der Größe des Metallreifens plus 3 cm zu. Die Nahtzugabe um den Reifen schlagen und mit Stecknadeln an ca. 8 Stellen fixieren. Mit Saumstichen die Nahtzugabe auf der Vorderseite gegennähen. Achten Sie darauf, daß Sie den Tüll leicht spannen.

Die Naht wird mit einer Pikotspitze abgedeckt. Nun die Spitzenmotive zuschneiden und auf den Tüll legen. Durch Verschieben oder Austauschen der Motive können Sie den Reifen nach dem eigenen Geschmack gestalten.

Die Spitzen nun mit Textilkleber bestreichen und auf den Tüll kleben. Große Motive werden aufgenäht.

Wenn Sie den Reifen nicht selber bespannen möchten, fragen Sie im Fachhandel nach bereits bespannten Reifen.

Landhaus

Material
Metallreifen mit 15 cm Ø
20 × 20 cm weißen Tüll
Spitzen
Nähgarn
Textilkleber

Zimmerschmuck für jede Jahreszeit

Ob als Kugel, Herz oder Ei, dieser Zimmerschmuck ist immer etwas Besonderes.

Die Plexiglasartikel sind im Fachhandel erhältlich und zu öffnen. Sie müssen allerdings etwas geplant kaufen, denn Kugeln erhalten Sie meist nur um die Weihnachtszeit und die Eier um Ostern. Das Foto zeigt, wie vielseitig gestaltet werden kann und wie auch mit Farbe eigene Ideen verwirklicht werden können.
In die zu öffnenden Kugeln und Herzen können Sie zusätzlich noch kleine Spitzenmotive einhängen, die dann bei jedem kleinsten Luftzug mittanzen.
Die Spitzenmotive je nach Wunsch ausschneiden und mit dem Textilkleber auf die Kugeln oder Herzen kleben. Leicht antrocknen lassen und anschließend an einem Perlonfaden oder einem Schmuckband aufhängen.

Herzen zum Valentinstag

Material
Kugeln, Herzen und Eier aus Plexiglas
Spitzen
Henkel-Textilkleber
Perlonfaden oder Schmuckband
Schere

Eier zu Ostern

Kugeln zur Weihnachtszeit

Nicht nur Pullover kann man stricken

Ein Strickbild wird zum ganz persönlichen Geschenk, wenn Sie den Beschenkten oder seine ganze Familie in den Mittelpunkt stellen.

Material

Hintergrund und Rahmen:
Wolle in verschiedenen Farben
Stricknadeln und Rundnadeln Nr. 4
zweifädiger Stramin

Figuren:
dünne Wolle (beige oder wollweiß)
Wollreste
Stricknadeln Nr. 2
Hanf oder Fell für Haare
feiner Messingdraht
Füllmaterial
Lederreste
Nähutensilien
Henkel-Textilkleber
rote Holz- oder Stoffarbe

Büsche, Bäume, Blumen und Tiere:
dünne Wollreste
Stricknadeln Nr. 1,5; 2; 2,5
Häkelnadel Nr. 1,5
Füllmaterial

Rückwand:
Sperrholzplatte in der Größe des Bildes
Füllmaterial
Klebstoff
Bilderhaken

Diese wunderschöne Idee läßt sich schon mit geringen Strickkenntnissen und viel Phantasie nacharbeiten. Die Ähnlichkeit mit dem Beschenkten ist leicht zu erreichen, wenn Sie Haarfarbe, Frisur, Augenfarbe und Brille berücksichtigen.

Und so wird gestrickt: Zunächst sollten Sie sich eine Skizze in Originalgröße anlegen. Ein einfacher Hintergrund ist eine Landschaft mit Himmel, Bergen und Seen. Diese stricken Sie vom unteren Rand aus in verschiedenen Mustern und Farbspielen.

Nun mit einer Rundstricknadel alle Randmaschen auffassen und je nach Größe des Bildes 2 bis 3 Reihen in beige stricken. (Bei eckigen Bildern in den 4 Ecken entsprechend Maschen aufnehmen, bei ovalen Bildern nach jeder 20. Masche 1 Masche aufnehmen.

Für den braunen Rahmen 1 Reihe rechte Maschen in braun weiterstricken, dann 8 Reihen links folgen lassen (auf das Aufnehmen zusätzlicher Maschen achten!) und abketten.

Die Arbeit vor dem Besticken mit den Figuren spannen und dämpfen. Nun entlang des beigen Streifens von links den Stramin dagegennähen.

Als nächstes folgen nun die Figuren. Nach der Schemazeichnung biegen Sie die einzelnen Püppchen aus Messingdraht zurecht. Der Draht gibt ihnen die Form. Nun legen Sie Füllmaterial um den Draht und umwikkeln alles mit einem Faden. Hände und Füße mit Leder schützen und den Watteteil des Kopfes in Augenhöhe abbinden. Wie beim »Schlenkerduo« (S. 22) stricken Sie nun den Körper, allerdings wesentlich zierlicher, und überziehen den Wattekörper mit dem »Strickkörper«. Der Hals und die Hände werden abgebunden und das Gesicht eingestickt. Dabei das weiße Augenpünktchen nicht vergessen und außerdem noch die Wangen mit Farbe leicht andeuten.

Für die Kleidung fertigen Sie sich am besten einen originalgroßen Schnitt an und stricken ihn dann nach. Die halbplastischen Teile wie Bäume und Büsche werden nach solchen selbstangefertigten Schnitten gehäkelt, dabei Stamm und Krone einzeln arbeiten. Den Stamm nähen Sie nun auf den Hintergrund und stopfen ihn etwas aus. Dann folgt die Krone. Äste im Stiel- oder Kettenstich bis zum Stramin durchsticken. Anschließend die Krone ausstopfen und die restlichen Öffnungen schließen. Hin und wieder Blätter im Maschenstich aufnähen.

Zur Ausschmückung häkeln Sie nun Häuser, Tiere, Blumen und nähen sie auf. Die Wolken gestalten Sie im Maschenstich, und kleinere Blümchen werden direkt aufgestickt.

Aus Sperrholz sägen Sie zum Schluß eine Platte aus, die 3 mm kleiner als das Strickbild ist, stopfen den gestrickten Rahmen mit Füllmaterial aus und kleben das Strickbild mit Klebstoff auf der Platte fest.

Dorothea

Knüpfmotive für die gute Stube

Mühelos und schnell entstehen diese schönen Knüpfarbeiten mit Reliefmuster.

Deutlich sind die verschiedenen Stichhöhen erkennbar.

Material
Smyrna-Nadel
Holzrahmen zum Spannen
Reißbrettstifte
Schere
je Quadrat (45 × 45 cm)
200 g Sportwolle für Nadelstärke 3,5–4
Grundstoff in Objektgröße

Für diese Knüpftechnik benötigen Sie die bereits auf Seite 8 beschriebene Smyrna-Nadel.
Da die Stichlänge der Nadel verstellbar ist, können Sie zwischen drei verschiedenen Florhöhen wählen.
Spannen Sie zuerst die auf Aidastoff gezeichnete Vorlage auf einen Holzrahmen. Das aufgezeichnete Muster stellt die linke Stoffseite (Arbeitsseite) dar.
Die eingefädelte Smyrna-Nadel stechen Sie senkrecht in den Stoff hinein und ziehen den Fadenanfang nach unten auf die rechte Stoffseite. Dort ca. 4 cm hängenlassen. Die Nadel vorsichtig zurückziehen und in das nächste Einstichloch stechen. Achten Sie darauf, daß Sie die Nadel dabei nicht vom Stoff abheben. Durch das erneute Einstechen und Herausziehen der Nadel bilden sich auf der rechten Stoffseite Schlingen, die nach jeder fertigen Reihe aufgeschnitten werden.
Arbeiten Sie Stich um Stich in Schreibrichtung.
Ist das Teil fertig gestochen, so ziehen Sie den Arbeitsfaden auf der rechten Seite heraus und schneiden ihn ab. Die Stoffränder nach innen umschlagen und gegennähen.

Landschaft mit Relief

Tiffany-Lampen, diesmal gehäkelt

Diese Lampen können Sie als Hänge- oder Stehlampe arbeiten, je nachdem, was Sie für eine Lampenform wählen.

Tischlampe

Hängelampe mit Motiven Ton in Ton

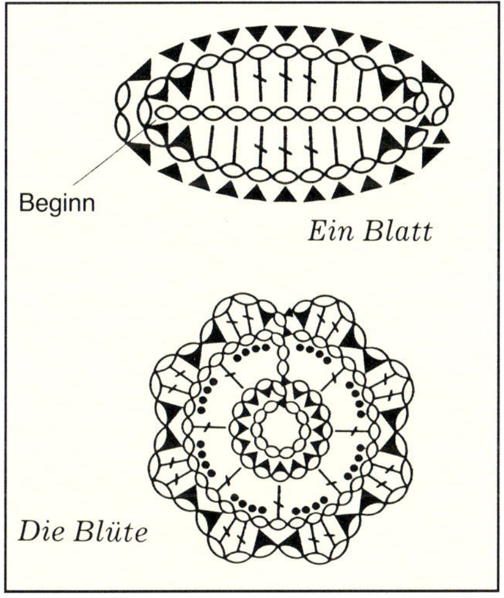

Material
Lampengestell
Elastikschlauchgewebe, 50 × 20 cm
ca. 130 g Wolle in verschiedenen Farbabstufungen
1 Spule Baumwollgarn, natur
Häkelnadel Nr. 3
Nähutensilien

Und so entsteht die Lampe: Zunächst beziehen Sie das Gestell mit dem Elastikschlauchgewebe. Den Tüll müssen sie exakt einpassen und unten und oben am Gestell festnähen.
Nun werden die Blätter und Blüten einzeln gehäkelt (die Erklärung der Symbolschrift in der Abbildung links finden Sie auf Seite 25).

Blätter

13 Luftmaschen anschlagen. Nun häkeln Sie 1 feste Masche, 1 halbes Stäbchen, 8 Stäbchen, 1 halbes Stäbchen, 1 feste Masche, gehen mit 1 Luftmasche auf die andere Seite der Luftmaschenkette und häkeln in der gleichen Reihenfolge wieder zurück.
Je Feld ca. 5–6 Blätter in verschiedenen Farben häkeln. Alle Blüten und Blätter werden dann mit festen Maschen umhäkelt.

Blüten

5 Luftmaschen anschlagen und mit einer Kettmasche zu einem Ring schließen. In diesen Ring 10 feste Maschen häkeln und die Runde mit einer Kettmasche schließen. Nun in jede feste Masche 2 Stäbchen arbeiten (20 Stäbchen). Für die 5 Blütenblätter häkeln Sie in die 4 folgenden Stäbchen 8 Stäbchen, dann wenden Sie die Arbeit mit 2 Luftmaschen und arbeiten 7 Stäbchen auf die Vorderreihe, wieder mit 2 Luftmaschen wenden. Die dritte Reihe besteht aus einer festen Masche, fünf halben Stäbchen, einer festen Masche. Nun bis zum Ring aus Stäbchen mit Kettmaschen zurückhäkeln und das nächste Blütenblatt ebenso arbeiten. Jede Blüte erhält fünf Blütenblätter. Für jedes Feld des Lampengestells 1 Blüte in Rosa und 1 Blüte in Altrosa im Wechsel häkeln. Nun stellen Sie die einzelnen Motive zusammen und verbinden sie mit Luftmaschen, hier und da können Sie auch ein Stäbchen mit einarbeiten. Dann werden alle Motive gedämpft, mit Stecknadeln auf dem Elastikschlauch fixiert und die einzelnen Motive mit Baumwollgarn in den Feldern wie folgt verbunden: Vom oberen zum unteren Rand des Lampengestells entlang der Stäbe eine Reihe Luftmaschen häkeln, die Sie in kurzen Abständen mit einer Stecknadel fixieren. Gleichzeitig verbinden Sie mit Doppel- und Dreifach-Stäbchen (evtl. auch Luftmaschen) das Motiv mit der Luftmaschenkette. Jedes weitere Feld am vorhergehenden mit festen Maschen verbinden.
Zum Schluß den oberen und unteren Rand mit festen Maschen umhäkeln. Für eventuelle Fransen schneiden Sie das Baumwollgarn in ca. 20 cm lange Fäden und knüpfen je 3 Fäden in jede dritte feste Masche.

Webbildchen im Minirahmen

Diese Minibilder sind besonders geeignet als kleine schnelle Geschenke.

Interessant die reliefartige Wirkung durch Knötchenstich und Perlen.

Material
Kleiner Holzbilderrahmen (ca. 8 × 9,5 cm)
Woll- und Garnreste bis Garnstärke 3
Stopfnadel ohne Spitze
Perlen, Pailletten, Holzperlen

Leinenbindung

Zunächst die Pappscheibe aus dem Holzrahmen lösen und mit dünner Wolle umwickeln, so daß 4–5 Fäden auf 1 cm nebeneinanderliegen. Diese Fäden bilden die Webkette. Achten Sie darauf, daß die Kette nicht zu stramm gespannt ist. Die Pappe darf sich nicht biegen.
Nun in Leinenbindung den Hintergrund und den Stamm ausweben. Dabei die Farben entsprechend der Gobelinweberei miteinander verbinden. (Gobelinweberei: Bildwebtechnik in Schußrips, bei der farblich aneinanderstoßende Schußfäden um den selben Kettfaden greifen.) Einfacher ist es, wenn der Hintergrund in einer Farbe ausgewebt wird.
Die Baumkrone wird bauschig, wenn sie mit der ägyptischen Schlinge gewebt wird oder zusätzliche Schlingen eingeknüpft werden.
Bunte Holzperlen oder verschiedene eingewebte Garnfäden sind zusätzliche Schmuckelemente für die Baumkrone. Die Pappe mit der fertigen Webarbeit spannen Sie nun wieder in den Rahmen ein.
Für diese »Minibildchen« bieten sich Motive wie Häuschen, Blumen oder einfache Gegenstände an. Wählen Sie für derartige kleine Formate keine Motive mit allzu vielen kleinen oder komplizierten Einzelheiten, denn diese kommen bei der Webtechnik nicht zu Geltung.

Bäuerliche Stickbilder

Die vorgestellten Motive regen Sie vielleicht an, selbst einmal ein kleines Bild zu sticken.

Die Windmühle, ein beliebtes Motiv

Diese Stickbilder sind nach bekannten Vorlagen bäuerlicher Motive gestickt. Wer die Motive nicht auszählen möchte, kann im Fachhandel entsprechende Vorlagen erhalten. Vielleicht entwerfen Sie sich auch selbst eine Stickvorlage.
Die Bildchen hier sind alle im Gobelinstich, also mit halbem Kreuzstich, gearbeitet.
Um ein Verziehen zu vermeiden, ist es ratsam, die Stickerei in einen kleinen Rahmen zu spannen. Zunächst markieren Sie mit Hilfe des Bilderrahmens die Größe des Bildes. Dann beginnen Sie vom unteren Rand aus zu sticken. Da es sich hier um Zählmuster handelt, ist es ratsam, Reihe für Reihe aufeinanderzusetzen. Sie vermeiden so Lücken, die entstehen können, wenn einzelne Farbpartien zuerst gestickt werden und dann erst der Hintergrund aufgefüllt wird.
Die fertige Stickerei leicht dämpfen und in den Rahmen spannen.

Material
Holzbilderrahmen
grober Stickgrund
Stickgarn in verschiedenen Farben
Sticknadel ohne Spitze
kleiner Stickrahmen

Das Bauernhaus

Kirschen am Zweig

Der Teekessel

Kissen in Gobelinweberei

Im Sommer laden sie zu gemütlichen Stunden im Garten ein, im Winter zum Träumen auf der Ofenbank.

Geeignete Motive für Gobelinweberei: Blumen und Landschaften

Zunächst schneiden Sie die Pappe zu und spannen mit der Baumwolle die Kettfäden.
Nun werden die Motive in groben Umrissen in Originalgröße auf Papier gezeichnet und dieses wird unter die Kette geschoben. Es empfiehlt sich, die Zeichnung mit Klebestreifen auf der Pappe zu befestigen.
Zum Landschaftsweben können Sie Motive den Kunstbüchern entnehmen. Hierbei weben Sie dann vom unteren Rand nach oben, vorwiegend in Leinenbindung.
Ratsam ist es, beim Kissen mit den Blumenmotiven zuerst den grünen rechten Rand in verschiedenen Tönen auszuweben. Anschließend die Blüten arbeiten und die Blumenstiele in Sumak- oder Zwirnbindung gestalten und die Blätter zuweben. Dann folgt der Hintergrund in Leinenbindung. Um die Farbpartien miteinander zu verbinden, weben Sie in der Technik des Gobelinwebens. Die fertige Webarbeit nehmen Sie von der Schablone. Vernähen Sie die Kettfäden am Rand, indem Sie diese in die Weberei einziehen.
Als Rückseite nähen Sie einen passenden Stoff dagegen, das heißt, die Webfläche und den Stoff rechts auf rechts legen und mit dem Steppstich drei Seiten des Kissens schließen. Anschließend die Hülle wenden. Als Verschluß bietet sich ein Reißverschluß an. In die Hülle ein 40 × 40 cm großes Kissen einziehen.

Material
45 × 45 cm Pappe (2 mm stark)
Wollreste in verschiedenen Farben, Stärken und Qualitäten
Baumwolle für die Kette
50 × 50 cm Stoff für die Rückenplatte
Webnadel
Nähutensilien
Papier und Bleistift
Klebestreifen
Füllmaterial oder fertige Kissenhülle

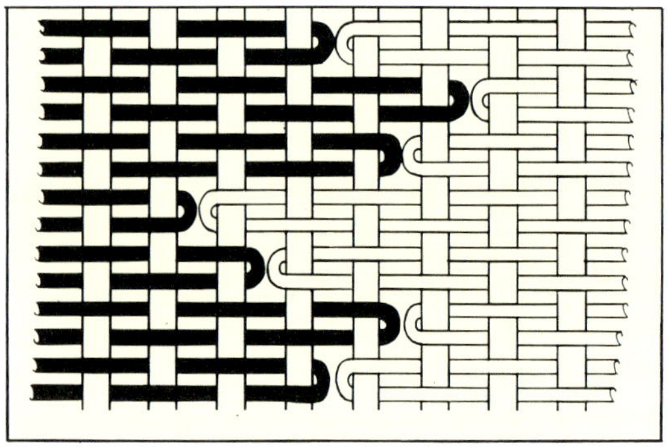

Gobelinbindung

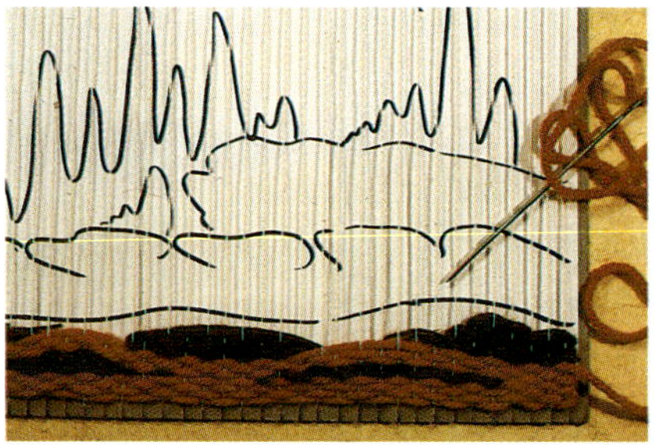

Das Motiv auf Pappe aufzeichnen

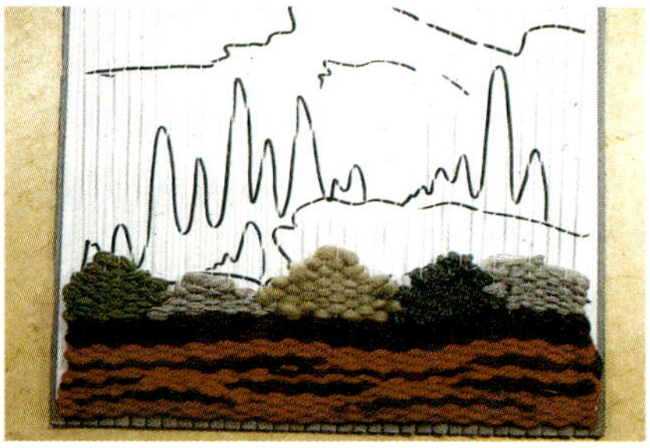

Schlußfaden locker einlegen

Gewebte Leinenkissen

Diese Kissen erhalten ihre Wirkung durch die Tonabstufungen der Kett- und Schußfäden.

Solche edlen Leinenkissen ergeben ein ganz besonderes Geschenk. Zu ihrer Herstellung ist allerdings ein Tischwebstuhl unerläßlich.

Ton in Ton gewebt ergibt eine interessante Wirkung

Schären der Kette

Schären Sie eine Kette von 400 Fäden à 2,30 m Länge. Es müssen jeweils 55 Fäden von einer Farbe geschärt werden. Nach dem Aufbäumen der Kette auf den Tischwebstuhl findet der Litzeneinzug statt. Die Kettfäden werden abwechselnd durch Schaft eins und zwei gezogen. Es soll eine Leinwandbindung gewebt werden. Es folgt der Blatteinzug, und zwar acht Fäden pro Zentimeter. Bei einem 80/10-Kamm kommt in jedes Riet ein Faden, bei einem 40/10-Kamm kommen jeweils zwei Fäden in ein Riet. Nach dem Anbinden der Kette kann das Weben beginnen.

Weben

Weben Sie zunächst einige Zentimeter mit einem Rest Garn an, damit die Kette schön gleichmäßig liegt. Die Gestaltung der Kissen kann individuell erfolgen. Um Längsstreifen zu erzielen, können Sie einen einfarbigen Schuß wählen. Für Karos muß der Schuß gestreift sein. Von der Musterung hängt der Verbrauch der einzelnen Farben ab, also überlegen Sie vorher genau, von welcher Farbe Sie wieviel benötigen.

Für jedes Kissen müssen Sie ein 82 cm langes Stück weben. Die beiden Kissenbezüge werden direkt aneinandergewebt.

Nähen und Fertigstellen der Kissen

Nach dem Abnehmen des Gewebes zunächst die Schnittkanten mit der Nähmaschine ketteln. Machen Sie auch in der Mitte zwischen den beiden Kissenbezügen zwei Kettelnähte und schneiden Sie die Stücke dazwischen auseinander.

Die Kissen werden an drei Seiten zusammengenäht, mit Füllmaterial gefüllt und dann an der dritten Seite von Hand mit einer Überwendlingsnaht zusammengenäht.

Wenn Sie die Kissenbezüge abnehmbar machen wollen, dann nähen Sie in die eine Längsnaht einen Reißverschluß ein und nehmen ein Unterkissen als Füllung.

Die Kissenbezüge werden übrigens weicher und glänzender, wenn sie vor dem Füllen gewaschen werden.

Material

320 g Leinen 8/1 in verschiedenen Farben
Tischwebstuhl (60 m breit)
Schere
farblich passendes Nähgarn
1 Reißverschluß, 40 cm lang

Die Kissengröße beträgt 40 × 53 cm.

Bestickte Kissen

Schnell bekommt eine selbstgenähte oder gekaufte Kissenhülle durch eine hübsche Stickerei eine individuelle Note.

Die Mustervorlagen sind einfach und mit Stielstich, Kettenstich, Knötchenstich (siehe unten) und Spannstich auszusticken. Zunächst vergrößern Sie die Muster mit einem Raster oder mit Hilfe eines Kopierers. Danach die Konturen mit Schneiderkopierpapier auf den Stoff übertragen.

Den Stoff spannen Sie nun zum Aussticken in einen Stickrahmen. Vor dem Sticken den Sticktwist teilen. Je nach Stoff reichen 2–3 Teilfäden aus. Nur bei sehr groben Stoffen (zum Beispiel Siebleinen) mit dem ungeteilten Faden arbeiten. Denken Sie beim Sticken daran, daß die Fäden vernäht und nicht verknotet werden.

Die fertige Arbeit wird nach dem Sticken von links gedämpft.

Phantasiemotive

Gegenständliche Motive

Material
1 Kissenhülle (40 × 40 cm)
Kissenfüllung
Sticktwist in verschiedenen Farben
Nähutensilien
Stickrahmen
Karopapier für Raster
Schneiderkopierpapier

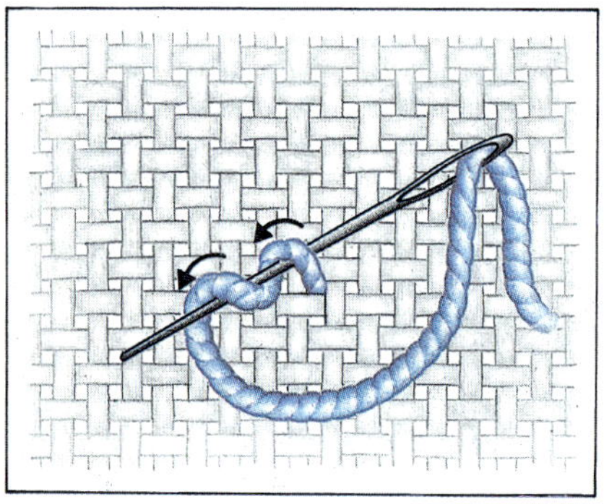

Den Faden um die Nadel wickeln

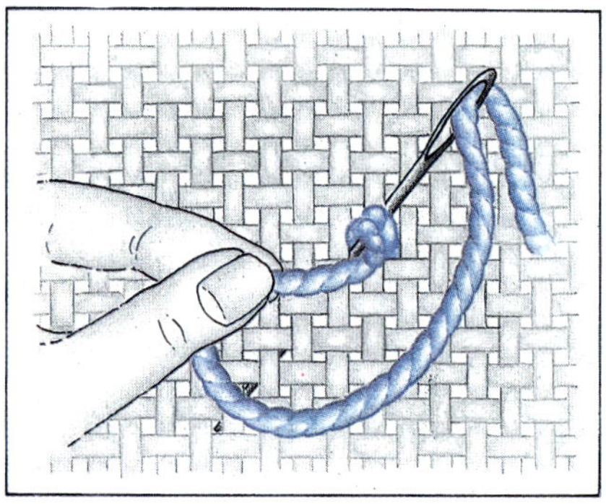

In die Ausstichstelle zurückstechen

Kissen mit Hardanger Stickerei

Wieder sehr beliebt: die traditionelle Durchbruchstickerei aus der norwegischen Fjordenlandschaft.

Verschiedene Motive in Hardanger Stickerei

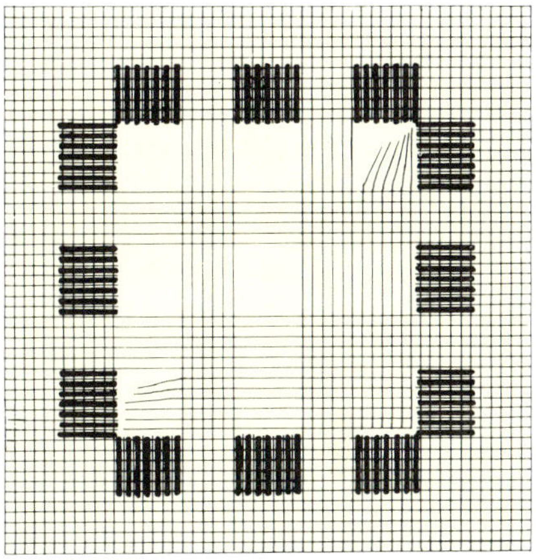

Die Fäden ausziehen

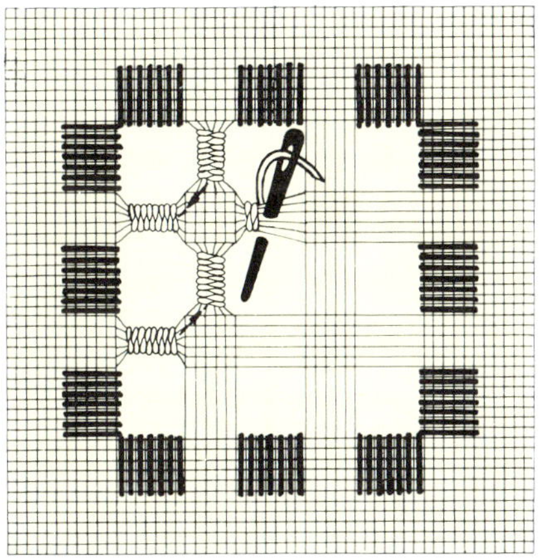

Die Fäden umstechen

Zuerst werden die Motivränder befestigt, das heißt 7 Stiche über 6 Gewebefäden (Zeichnung) sticken.
Bei Änderung der Stickrichtung sind Ein- und Ausstichstelle dieselbe.
Erst wenn die Plattstichränder fertig gestickt sind, können die Gewebefäden innerhalb des Motivs ausgeschnitten werden.
Die Fadengruppe besteht aus 6 Gewebefäden und kann durch Umwickeln befestigt werden. Dazu abwechselnd mit der Nadel von jeder Seite 3 Fäden aufnehmen und umstechen.

Eine Linie im Zählmuster entspricht einem Gewebefaden, die weißen Flächen entsprechen den ausgeschnittenen.

Motivvorlage für die Kissen

Material je Kissen
2mal 45 × 45 cm Handarbeitsstoff Oslo
Perlgarn Nr. 5
Perlgarn Nr. 8
Sticknadel ohne Spitze
Stickschere

Tischgarnitur mit Spitzen

Sets mit Häkelspitze verschönern den rustikalen wie auch den eleganten Tisch.

Material
2 Knäuel MEZ Liana 10, Farbe 756 gelb
1 Häkelnadel Nr. 1,5 für das Häkeln der Spitzen
1 Häkelnadel Nr. 1,25 für das Umhäkeln des Stoffrandes
Handarbeitsstoff »Lugana«

Bei allen Modellen werden die Spitzen an den Stoff gehäkelt. Hierfür wird der Stoff an allen Kanten ca. 2 cm nach links umgebogen und mit festen Maschen umhäkelt. Dabei wird im Abstand von 2 Gewebefäden in der Breite je eine feste Masche gearbeitet, die über drei Gewebefäden in der Höhe greift. In jeder Ecke drei feste Maschen in einer Einstichstelle arbeiten. Der überstehende Stoff wird entlang der festen Maschen abgeschnitten. Ratsam ist es, mit einem zweiten Knäuel von Ecke zu Ecke die zweite Musterrunde sofort nachzuhäkeln, damit an der Ecke das Häkelmuster aufgeht (Häkelsymbol Seite 25).

Set
fertige Größe: 48 × 37 cm

Serviette
fertige Größe: 34 × 34 cm

Serviettenring
fertige Größe: 14,5 × 6 cm

Brotkorbdeckchen
fertige Größe: 38 × 30,5 cm

Untersetzer
fertige Größe: 14 × 14 cm

Häkelschrift

Die gleiche Spitze um verschiedene Deckchen

Patchwork-Tischsets

Das Besondere der gezeigten Tischsets ist die eigenwillige Zusammenstellung der verwendeten Stoffe. Dies gibt einen interessanten Effekt auf jedem festlich gedeckten Tisch.

Ideal für rustikale Tische

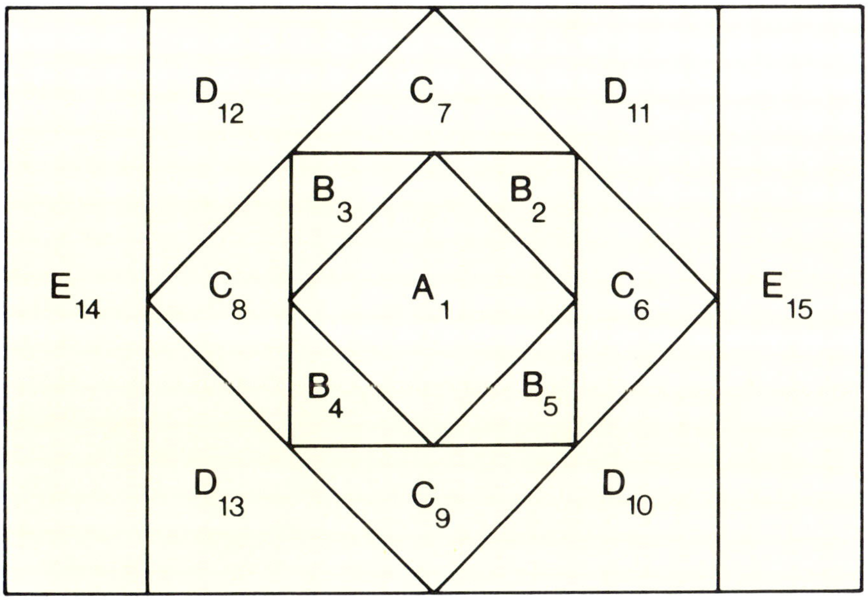

Der Aufbau des Patchworksets

Schneiden Sie die Kartonschablonen nach dem angegebenen Schnittmuster. Die Nahtzugabe ist im Schnitt bereits enthalten.

Für beide Sets werden von den vier Stoffen jeweils 1mal A, 2mal E, 4mal B, 4mal C und 4mal D zugeschnitten. Beim Zusammenstellen der Farben für jedes Set das untenstehende Schema beachten.

Die verschiedenen Stoffteile werden in der Reihenfolge der bei den Buchstaben stehenden Zahlen zusammengenäht. Die Stepplinie sollte von den Schnittkanten 0,6 cm entfernt sein.

Alle Nähte werden auf der Rückseite nach einer Seite liegend gebügelt. (Im Patchwork bügelt man die Nähte nie auseinander.)

Nun wird die Setoberseite mit der linken Seite auf die Lagewatte gelegt und die Lagewatte zugeschnitten.

Der zugeschnittene Rückseitenstoff (31 cm × 45 cm) wird rechts auf rechts auf die Setoberseite und die Lagewatte gelegt und an drei Seiten zugenäht.

Dann wird das Teil gestürzt und die noch offene Seite mit einem Blindstich zugenäht.

Damit ein Verrutschen der drei Lagen vermieden wird, quilten Sie die Sets entlang den Patchworknähten.

Schnittmuster in der Anlage S. 122.

Material

- 4mal 40 cm Baumwollstoff, 1,20 m breit
- 1 m Baumwollstoff in der Grundfarbe
- 1 m Lagewatte
- Nähgarn
- Quiltgarn
- Karton zum Herstellen der Schablonen

Tischdecke in Maschinenstickerei

Der Phantasie sind beim Maschinensticken keine Grenzen gesetzt.

Material
- Nähmaschine mit Stickstichprogramm
- Stickgarn oder Knopflochseide
- Baumwoll- oder Leinenstoff
- Transparentpapier
- Schneiderkopierpapier
- Nähutensilien

Auch wenn man glaubt, nicht malen zu können, kann man die herrlichsten Stickereien zaubern. Passende Muster finden Sie in Stickvorlagenmappen, bei der Bauernmalerei und manchmal kann auch das Dekor des Services Anregung zum Sticken sein. Übertragen Sie das skizzierte Motiv mit Schneiderkopierpapier auf die rechte Seite des Stoffes.
Dabei sollten Sie sich viel Zeit nehmen, denn sonst ist das Motiv schnell aus seiner Position gerutscht, und eine Korrektur ist später nur sehr schwer oder gar nicht mehr möglich.
Jeder Nähmaschine mit Stickereiprogrammen liegt eine ausführliche Anleitung bei. Nach dieser wählen Sie nun die entsprechenden Programmpunkte und Einstellungen für das gewählte Motiv. Bevor Sie das Original sticken, kontrollieren Sie Stichlänge und -größe auf einem Probestück.
Alle Motive können durch Veränderung der Musterlängen größer oder kleiner gestickt werden. Die fertiggestickte Tischdecke säumen und eventuell mit einer passenden Spitze einfassen.

Das Stickmotiv wurde von dem Service übertragen

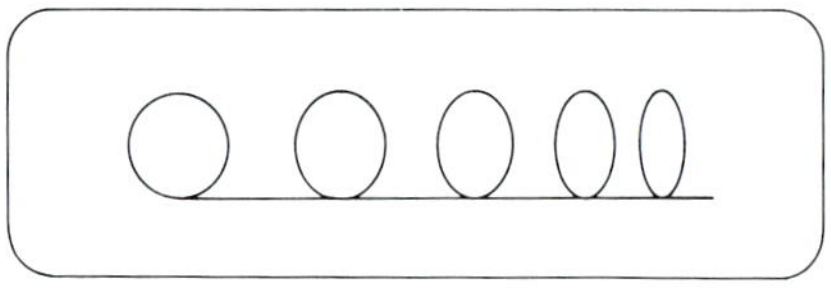

Veränderung der Stichlänge und -höhe

Frühstücksgarnitur

Die Sets und das Deckchen im Brötchenkorb werden mit Hohlsaum gearbeitet.

Material pro Set
36 × 50 cm groben Stoff in Leinenbindung
1 Strang Stickgarn
Sticknadeln ohne Spitze
Nähutensilien

Ziehen Sie im Abstand von 4 cm zum Rand ringsherum einen Gewebefaden heraus. Achten Sie darauf, daß Sie eine gerade Anzahl von Fäden zwischen den Eckpunkten erhalten. An der linken Schmalseite des dunkelblauen Sets ziehen Sie nun vom gezogenen Faden aus nach innen den 21. bis 26., den 37. bis 40. und den 51. bis 56. Gewebefaden heraus, ebenso an den rechten Schmalseiten den 21. bis 26. Faden.
Beim hellblauen Set wird am oberen und unteren Rand, vom gezogenen Faden aus gerechnet, der 15. bis 21. Gewebefaden gezogen.

Für dieses Brotkorbdeckchen ziehen Sie um eine Fläche von 25 × 25 cm (Fadenanzahl muß durch 4 teilbar sein) 6 Fäden und nach weiteren 14 Gewebefäden 1 Faden heraus.
Gestickt wird auf der linken Seite: Wo 6 Gewebefäden ausgezogen sind, wird die Zickzack-Hohlnaht gearbeitet, an allen anderen Kanten der einfache Hohlnahtstich.
Nachdem Sie die Sets und das Deckchen fertiggestickt haben, schneiden Sie alle Ränder 2 cm von der Stickerei entfernt ab und fransen diese aus.

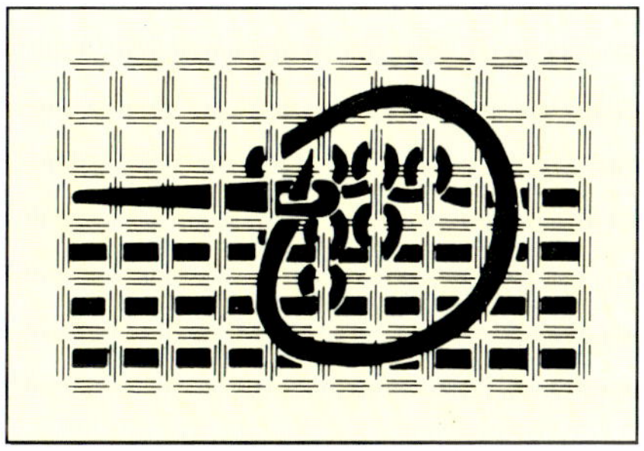

Der Hohlsaumstich

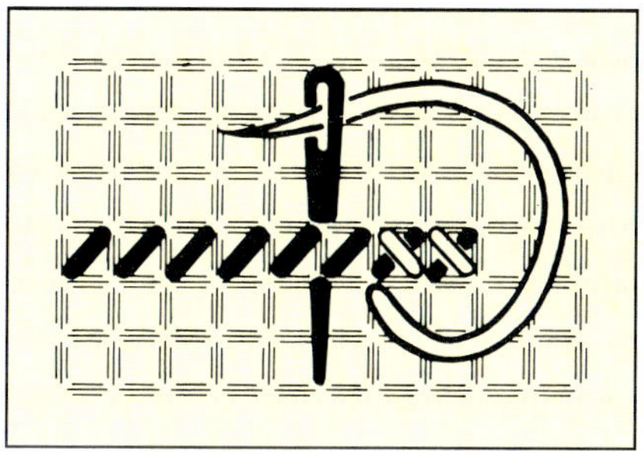

Der Kreuzstich

Farblich abgestimmt auf das Service

Eierwärmer mit Kreuzstichmotiv

Nicht nur gehäkelte Eierwärmer zieren den Frühstückstisch, dekorativ sehen auch genähte Eierwärmer mit Kreuzstichmotiven aus.

Immer beliebt: die Kreuzstichstickerei

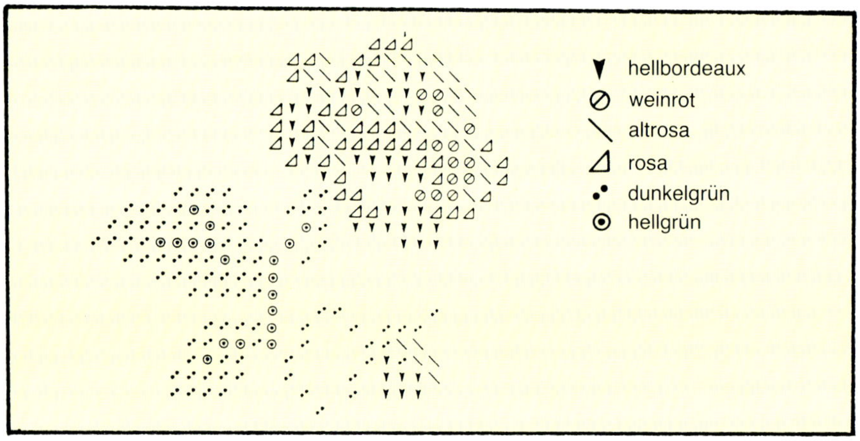

Die Stickmustervorlage

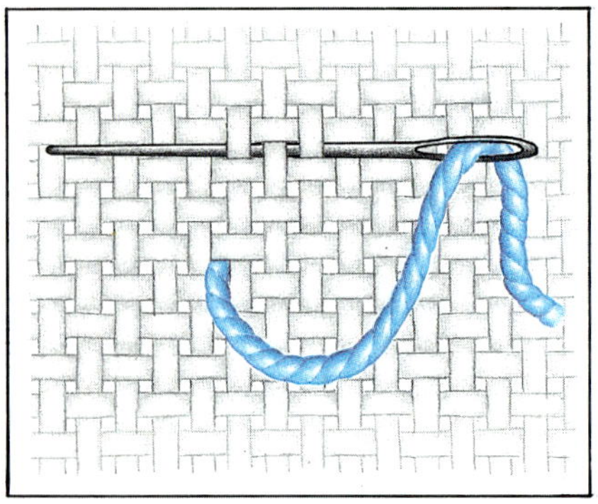

In die obere Reihe einstechen

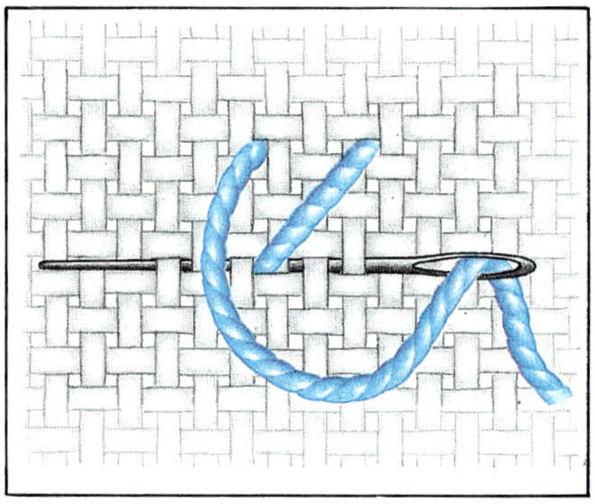

Der halbe Stich

Den Kreuzstich fortlaufend arbeiten

Kennzeichnen Sie auf dem Stoff, wo das Motiv gestickt wird, und spannen Sie den Stoff in einen Stickrahmen. Nun nach Vorlage das Zählmuster sticken. Es ist ratsam, den Twist zu teilen, da jeder Kreuzstich nur über zwei Gewebefäden gearbeitet wird. Alle Fäden gut vernähen und den Stoff aus dem Rahmen nehmen. Das Futter rechts auf rechts auf die Stickfläche legen und die untere Kante mit Nahtzugabe (0,5 cm) absteppen. Die Naht ausbügeln. Anschließend die Lagewatte auf die linke Stoffseite legen. Die Arbeit doppeln, so daß Futter auf Futter und Stoff auf Stoff liegt. Die Seitennaht steppen und die Eierwärmer wenden.

Die offene Kante einschlagen und das Futter von innen (2 cm von der Kante entfernt) mit kleinen Saumstichen festnähen. Zum Kräuseln einen doppelten Faden knapp über dem Futter ein- und festziehen, die Enden verknoten.

Fertig ist der Eierwärmer.

Material je Eierwärmer

10 × 14 cm leinenbindiger Stoff
10 × 10 cm dünne Lagewatte
10 × 10 cm Futterstoff
Sticktwist
Sticknadel mit Spitze

Tischdecke, dekorativ bemalt

Eine schlichte braune Kaffeedecke wurde durch Stoffmalerei aufgewertet.

Material
Leinendecke
weiße und hellbraune deckende Stoffarben
verschiedene Pinsel
Malutensilien
Batikrahmen
Dreifußstifte
Schneiderkreide

Das Motiv wurde der Natur entnommen.

Zunächst müssen Sie den Stoff oder die fertige Tischdecke waschen, damit die Farben sich besser mit den Fasern verbinden.
Dann die Decke straff auf einen Batikrahmen spannen. Nun mit Schneiderkreide das Motiv leicht aufzeichnen und mit dem Stoffarben ausmalen. Beginnen Sie immer mit dem Motiv, daß im Hintergrund liegt, und arbeiten Sie »von hinten nach vorn«. Die Farben vor jedem Farbwechsel gut trocknen lassen, sonst ergeben sich ungewollte Farbmischungen. Nach dem letzten Trocknen die Farbe von der linken Seite in den Stoff einbügeln, damit die Decke waschbar wird.

Das Motiv vorzeichnen

Das Motiv vor dem Fixieren

Dekorative Spitzenkreationen

Kleinste Restchen Spitze, kombiniert mit neuen Spitzenmotiven, ergeben reizvolle Geschenke.

Die Motive wurden aus kleineren zusammengesetzt

Blütenkorb mit Vogel *Katze vor dem Fenster*

Sie sehen, wie mit etwas Phantasie hübsche Bilder und zauberhafte Kissen ohne viel Arbeitsaufwand entstehen. Das Material gibt die Formen schon vor und läßt sich zu vielseitigen Motiven zusammensetzen.

Es gibt aber auch fertige Spitzen – schon zu Motiven zusammengestellt oder einzeln verpackt – im Fachhandel, so daß Sie nicht auf Reste angewiesen sind.

Und so gestalten Sie ein Bild: Zunächst nehmen Sie die Pappeinlage aus dem Rahmen und bespannen sie mit Stoff. Darauf legen Sie lose das Motiv, so daß noch das eine oder andere abgeändert werden kann, bis es zur vollen Zufriedenheit ausgefallen ist.

Mit Wasser-, Stoff- oder Seidenmalfarben können Sie der eigenen Komposition noch eine farbliche Note geben. Die einzelnen Spitzenmotive werden dafür vor dem Aufbringen mit dem Pinsel bemalt.

Nun kleben Sie vorsichtig die Teile mit Textilkleber fest. Nach dem Trocknen spannen Sie das Bild wieder in den Rahmen. Auf Taft- oder Seidenkissen sehen Spitzenmotive sehr dekorativ aus. Hier müssen sie aber unsichtbar aufgenäht werden.

Material
Bilderrahmen ohne Glas
Grundstoff in entsprechender Größe
Auswahl an Spitzen, Borten, Tüll, Stickereien usw.
Textilklebstoff
Nähutensilien
Kissenhülle, uni

Tischlampe mit Spitzenapplikationen

Mit Spitzen lassen sich nicht nur Bilder und Kissen dekorieren, sondern eine Vielzahl anderer Objekte, zum Beispiel diese Tischlampe.

Zunächst mit Nahtzugabe den Stoff zuschneiden und mit einem weichen Bleistift die Grundkante und die Felder markieren.
Säumen sie die obere Stoffkante, und ziehen Sie mit kleinen Stichen einen Faden zum Kräuseln ein. Nun schneiden Sie sich die passenden Spitzen zu und legen die Muster zusammen. Achten Sie dabei bitte auf Ausgewogenheit innerhalb der einzelnen Felder.
Spitze für Spitze kleben Sie nun vorsichtig mit Textilklebstoff auf den Stoff und lassen alles gut antrocknen.
Jetzt schließen Sie die Rundung des Lampenschirms mit der Nähmaschine und bügeln die Naht aus.
Wenden Sie den Bezug auf die rechte Seite und ziehen Sie ihn vorsichtig über das Gestell. Dabei mit Stecknadeln oder Wäscheklammern den Stoff am unteren Rand fixieren und den oberen Kräuselfaden strammziehen. Der überschüssige Stoff wird an der Unterkante bis auf eine schmale Nahtzugabe (ca. 0,5 cm) abgeschnitten und mit Textilklebstoff um die Stange geklebt. Auf die Kräuselnaht und die Klebenaht kleben Sie als Schmuck eine schmale Spitzenborte.

Material
Je nach Durchmesser und Höhe des Lampengestells Seide oder Batist
verschiedene Spitzenmotive
Textilklebstoff
Nähutensilien
Lampengestell

Die Motive aufnähen oder kleben

Kleines Nadelkissen mit Kreuzstich

Nicht nur als Nadelkissen, sondern auch als Duftkissen kann dies Geschenk verwendet werden.

Das ganze Kissen wurde im Kreuzstich ausgestickt.

Das Motiv nach dem Zählmuster im Kreuzstich sticken. Die Kanten an den äußeren Kreuzstichen nach links 1 cm einschlagen und ringsherum die Spitze gegensetzen. Achten Sie darauf, daß Sie die Ecken nicht zu knapp legen.
Den Stoff für die rückwärtige Kissenhülle ringsherum 1 cm einschlagen und mit kleinen Saumstichen gegen die Spitze nähen, so daß die Rückseite sauber ist. Dabei ein kleines Loch zum Stopfen lassen.
Abschließend das Kissen füllen.

Wollen Sie das Kissen als Duftkissen verschenken, so füllen Sie es mit Lavendelblüten.

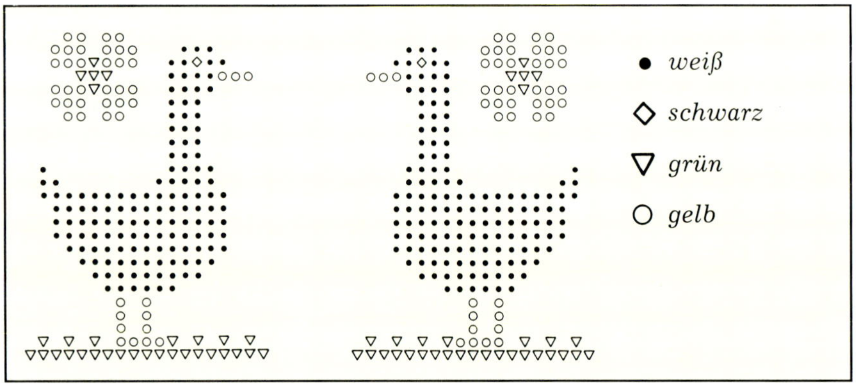

Die Stickvorlage

Material
13 × 13 cm Handarbeitsstoff Davosa
Sticktwist
ca. 50 cm Wäschespitze
Füllwatte
13 × 13 cm Stoff für die Kissenrückwand
Sticknadel

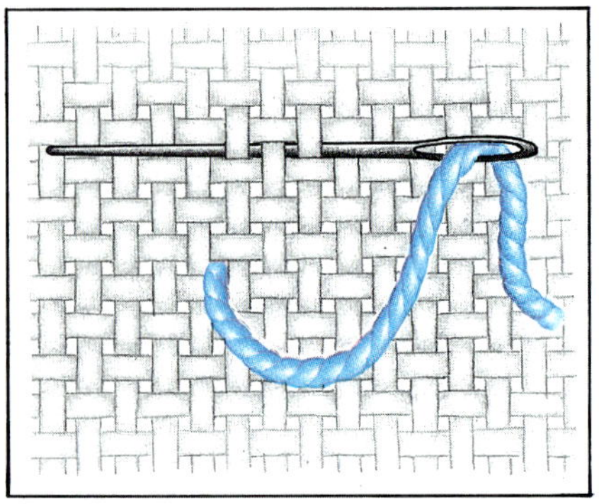

In die obere Reihe einstechen

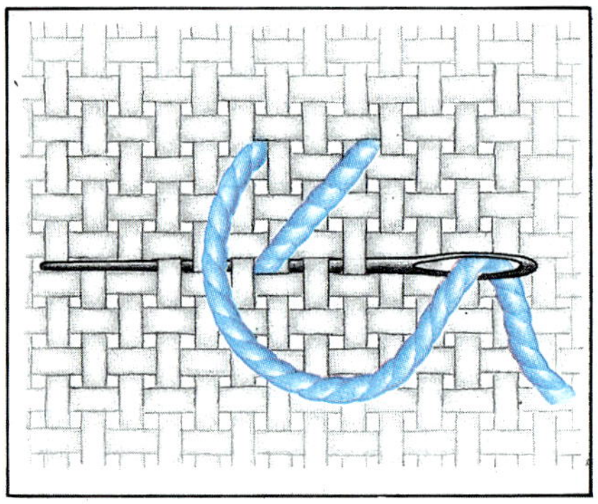

Der halbe Stich

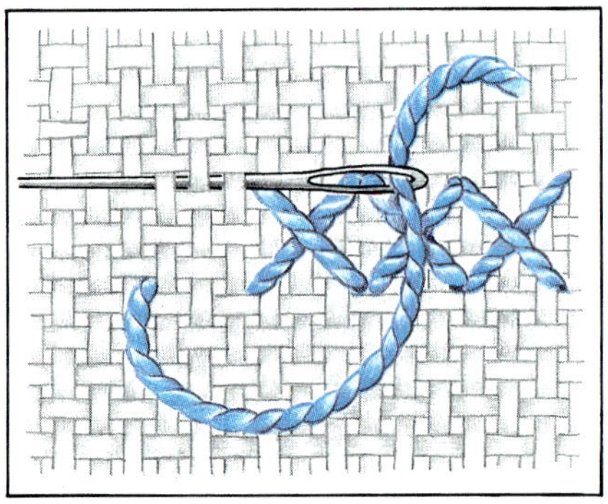

Den Kreuzstich fortlaufend arbeiten

Nähetui

Durch seine handliche Form ist es besonders für die Reise geeignet.

Zunächst kopieren Sie die untenstehende Schemazeichnung und schneiden die Einzelteile wie folgt zu:
4 × aus Pappe (Größe 2)
2 × aus Schaumstoff (Größe 2)
2 × aus Stoff mit 1 cm Nahtzugabe (Größe 3)
2 × aus Futterstoff mit 1 cm Nahtzugabe (Größe 3)
1 × aus Filz (Größe 1)
Die beiden Pappteile bekleben Sie zunächst mit Schaumstoff und legen darüber den gemusterten Stoff. Schlagen Sie die Nahtzugabe nach hinten und kleben Sie alles rundherum gut fest.
Die beiden anderen Pappteile ebenso mit Schaumstoff und Futterstoff beziehen.
Nun je ein Teil mit gemustertem Stoff und ein Teil mit Futterstoff gegeneinanderlegen und an den Rändern entlang mit kleinen Stichen zusammennähen, dabei an den Markierungspunkten einnähen.

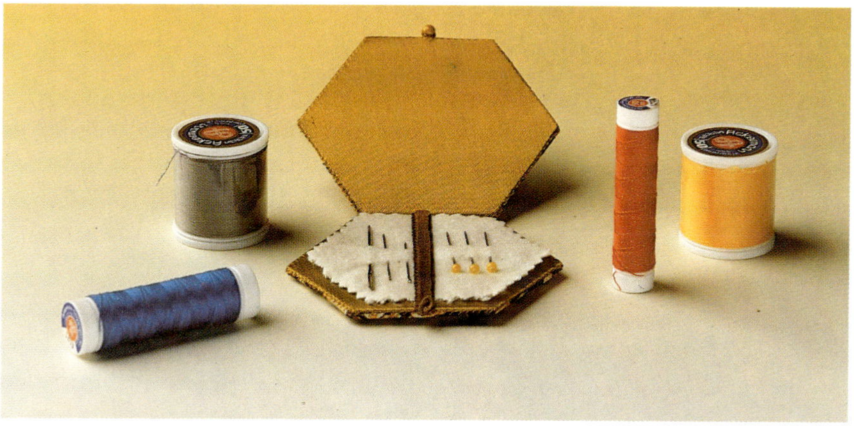

Ob große oder kleine Nadeln, Sie bekommen alle hinein

Die beiden fertigen Teile verbinden Sie durch zwei Stege, die Sie an zwei benachbarten Ecken befestigen. Verwenden Sie dafür Knopflochseide und arbeiten Sie im Knopflochstich.
An der gegenüberliegenden Seite wird in der Mitte eine Perle oder ein Knopf angenäht und als Verschluß eine dazu passende Öse gefertigt. Schneiden Sie nun das Filzteil mit der Zickzackschere zurecht und schieben Sie es unter die Bändchen.
Einige Nadeln, eventuell eine kleine Schere und etwas Faden komplettieren das Etui als Geschenk.

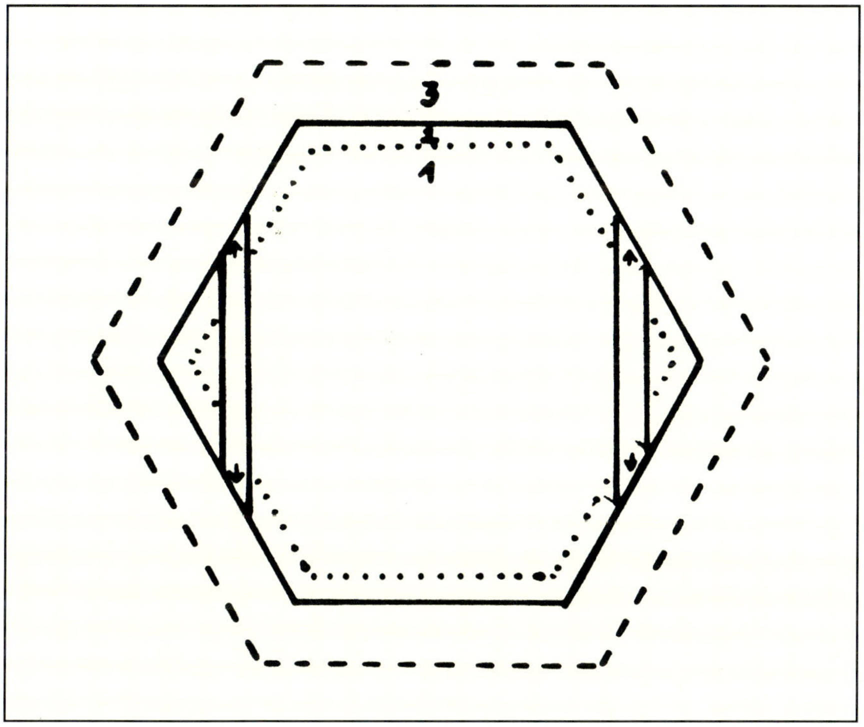

Schnittmuster

Material
9 × 40 cm Pappe (1 mm stark)
9 × 20 cm Schaumstoff (2 mm stark)
gemusterte Stoffreste
Futterstoff
Filz
5 × 9 cm Band
kleine Perle oder Knopf
Klebstoff
Nähutensilien

Patchworkdosen

Sie sind die idealen Ordnungshüter für Schmuck, Garnrollen und viele andere Kleinigkeiten.

Dose mit Quiltmotiv

Kopieren Sie den Schnitt (im Anhang) und übertragen ihn auf den Stoff und das Futter (unterbrochene Linie = Steppli-nie). Der Schaumstoff wird ohne Nahtzugabe zugeschnitten.
Nun nähen Sie auf den Deckel, entlang der unterbrochenen Li-nie, die Spitze so, daß sie beim Nähen nach innen zeigt, und fü-gen bei * das Schleifenband ein. Den Schaumstoff mit großen Stichen auf die linke Seite des Futters heften, Stoff und Futter rechts auf rechts legen und ent-lang des Schaumstoffs bis auf die Öffnung alles zusammennä-hen.
Die Seitenteile schneiden Sie bis zu den Ecken des Bodens ein, wenden die Arbeit, damit die Öffnungen geschlossen werden können. Anschließend den Heft-faden entfernen. Den Boden steppen Sie mit kleinen Quiltsti-chen ab, ebenso den Übergang der Seitenteile zum Deckel. Schließen Sie mit Überwend-lingsstichen die sechs Seiten-nähte und schmücken Sie, je nach Verwendungszweck der Dose, den Deckel mit Blümchen, Spitzen, Applikationen oder Stickereien. Hier können Sie der Phantasie freien Lauf lassen.

Tip:
Möchten Sie größere Dosen ar-beiten, vergrößern Sie zunächst den Boden und passen dann die anderen Teile an. Eine Pappein-lage versteift den Boden zusätz-lich.
Schnittmuster S. 123.

Dose ohne Verzierung

Dose mit Seidenblumen

Material
25 × 32 cm bunter Stoff
25 × 32 cm Futterstoff
25 × 32 cm dünner Schaum-stoff oder Lagewatte
ca. 60 cm Spitze
ca. 60 cm Schleifenband
Nähutensilien
Transparentpapier
Schneiderkopierpapier
Blümchen, Perlen als Deckel-schmuck
evtl. Quiltgarn

Schreibmappe

Eine alte Schreibmapppe ist der Grundstock für diese Geschenkidee.

Bunte Bänder eignen sich besonders gut zur Verarbeitung

Diese Flechtarbeit wird auf einer gepolsterten Fläche (Bügelbrett) gearbeitet.
Schneiden Sie je nach Größe der Mappe eine entsprechende Anzahl bunter Stoffstreifen (4 cm Breite) zu. Die Länge der Streifen wird durch die Höhe und Breite der Mappe vorgegeben. Schlagen Sie nun jede Kante der Streifen 1 cm zur linken Seite ein und befestigen Sie diesen Umschlag mit Textilkleber.
Entsprechend der Zeichnung nähen Sie die Längsstreifen nach dem Trocknen bunt sortiert nebeneinander auf ein Nahtband. Mit einem zweiten Nahtband die Streifenenden fixieren. Nun die weiteren Streifen in Köperbindung mit den Längsstreifen verflechten. Die Bänder mit Stecknadeln auf dem Bügelbrett fixieren. Ein Stoffstück in der Größe der Flechtfläche rechts auf rechts auf diese legen und an der oberen, unteren und einer seitlichen Kante anheften, dann absteppen. Die Bänder sind nun fest »verankert«.
Für die Mappenrückseite und den rückwärtigen Einschlag ein entsprechend großes Stoffstück zuschneiden und gegen die vierte Seite der Flechtfläche nähen. Beachten Sie, daß der Einschlag noch mit der Mappenrückseite oben und unten durch eine Naht verbunden werden muß. Nun die Mappe in den vorderen und rückwärtigen Einschlag einschieben.
Für die Umschläge innen eine Tasche einnähen und das Briefpapier einlegen.

Material
Schreibmappe, Stoffreste
Textilkleber, Nähutensilien
Nahtband, 3 cm breit

Quilttasche für die Freizeit

So eine schicke Tasche ist ideal für den Strand und das Schwimmbad.

Diese Tasche ist in der bekannten Patchworktechnik hergestellt

Material
je Block 6 verschiedene Stoffe aus Baumwolle
Pappe, 2 mm dick
Lineal, Bleistift, Schere
12 × 74 cm Stoff für den Rand
4,5 × 27 cm Stoff für die Dreiecke
50 × 92 cm Futterstoff
48 × 88 cm Schaumstoff
14 × 17 cm für Seitenteile und Umhänger
6 × 17 cm Vlieseline
Nähutensilien, Quiltgarn

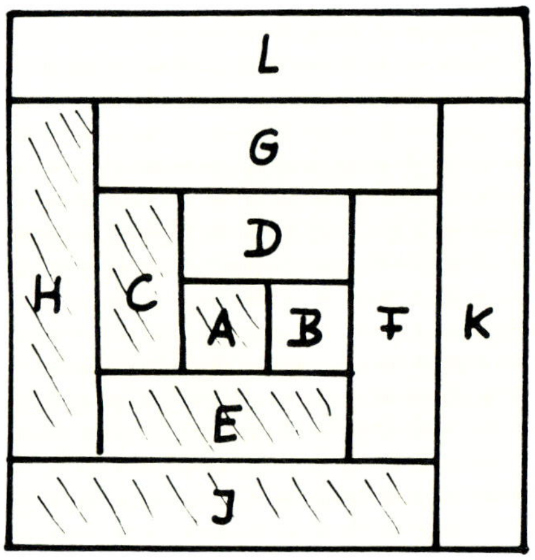

Schema des Blockaufbaus

Fertigen Sie zunächst nach der Schemazeichnung die einzelnen Schablonen aus Pappe an:

A+B:	2,25 ×	2,25 cm
C+D:	2,25 ×	4,5 cm
E+F:	2,25 ×	6,75 cm
G+H:	2,25 ×	9 cm
I+K:	2,25 ×	11,25 cm
L:	2,25 ×	13,5 cm

Nun schneiden Sie alle Teile mit ca. 0,7 cm Nahtzugabe aus dem Baumwollstoff zu. Farblich unterscheiden sich die »Balken« in der Diagonalen durch helle und dunkle Töne.
Nähen Sie nun 11 gleiche Log-Cabin Blöcke in der Reihenfolge: A-B-D-C-E-F-G-H-I-K-L je Block (13,5 × 13,5 cm) und verbinden Sie diese entsprechend der Zeichnung miteinander. Dann setzen Sie die Dreiecke ein und nähen die Randstreifen außen herum.
Ursprünglich ist Patchwork eine reine »Hand«-Arbeit. Wenn Sie schneller vorankommen möchten, können Sie aber ruhig die Maschine benutzen.
Wichtig ist, daß nach dem Nähen die Nähte gut ausgebügelt werden. Nun den Futterstoff dagegennähen, den Schaumstoff ohne Nahtzugabe zuschneiden und aufheften. Die Arbeit wenden und die Öffnung von rechts mit kleinen Stichen schließen. Nun steppen (quilten) Sie entlang der Nähte und arbeiten in die Dreiecke Quiltmotive ein.
Für den Umhänger legen Sie den Seitenstreifen zur Hälfte, bügeln die Vlieseline von links auf und schließen die Nähte. Die Arbeit wenden. Den Seitenstreifen nun rechts und links so in das Taschenteil einnähen, daß ein ca. 6 cm breiter Boden entsteht. Damit der Taschenboden nicht zu stark durchhängt, können Sie noch eine Pappe (6 × 49 cm) einlegen.

Gehäkelter Freizeitbeutel

Ohne große Häkelkenntnisse kann dieser Beutel, der ständige Begleiter im Urlaub, gefertigt werden.

Wählen Sie leuchtende Farben für den Strandbeutel

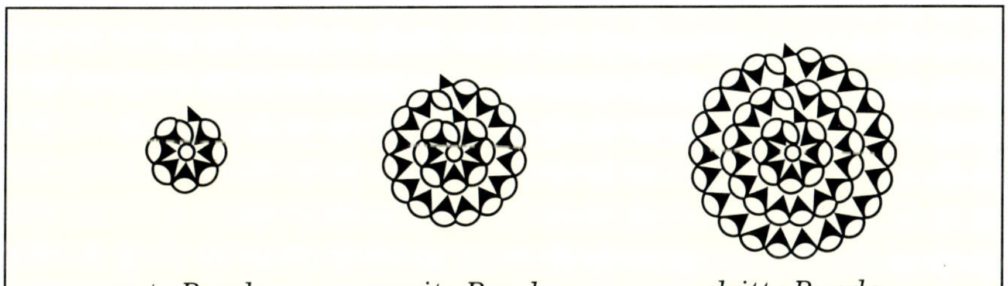

Arbeiten Sie die Runden nach der Häkelschrift (die Erklärungen für die Symbole finden Sie auf Seite 25)

Material
600 g Baumwolle in verschiedenen Farben
Häkelnadel Nr. 3
Stopfnadel

Maschenprobe
28 Maschen und 30 Reihen
= 10 × 10 cm

Grundmuster
feste Maschen in Runden

Dieser praktische Beutel häkelt sich fast von selbst: in festen Maschen immer rund herum. Also eine ideale Abendbeschäftigung vor dem Fernseher oder neben einer gemütlichen Unterhaltung her.
Aus festen Maschen den Boden häkeln. Legen Sie dazu einen Fadenring und häkeln Sie 7 feste Maschen hinein. Nun nach der Häkelschrift arbeiten. Hat die Bodenplatte einen Durchmesser von 23 cm, so arbeiten Sie nach einer selbstbestimmten Farbfolge ohne Zunahmen gerade hoch, bis eine Höhe von 36 cm erreicht ist. Abschließend eine Reihe für den Kordeldurchzug wie folgt arbeiten: * 2 Dreifachstäbchen mit einer Masche zusammen abmaschen, 2 Luftmaschen, 2 Maschen übergehen * (von * bis * wiederholen). Darüber noch eine Reihe feste Maschen häkeln. Aus 12 Fäden (jeweils 2 m lang) eine Kordel drehen und durch die vorletzte Reihe des Beutels ziehen.

Liegematte für einen Liegestuhl

Ein wahres Sommersonnenvergnügen in einem »Strandliegestuhl«.

Material
1 m sandfarbener Frotteestoff (1,40 m breit)
50 × 62 cm hellblauer Frotteestoff
Reste von Frotteestoffen
62 × 98 cm Molton
3,75 m Schrägband (1 cm breit)
Nähutensilien
Zeichenpapier
Schneiderkopierpapier

Und hier die Anleitung für die Fertigung: Aus dem sandfarbenen Frotteestoff ein Stück von 50 × 62 cm für das Vorderteil zuschneiden. Für die Rückseite schneiden Sie ein Stück von 62 × 98 cm zu. Nun fertigen Sie sich mit Hilfe der Schemazeichnung ein Schnittmuster für die Gegenstände. Die Sonnenschirme können mit Kopierpapier auf den Grundstoff kopiert werden.
Die Einzelteile der Sonnenschirme und die Wolken aus den Frotteeresten zuschneiden. Nach dem Zuschnitt nähen Sie den hellblauen und sandfarbenen Frottee (62 × 98 cm) aufeinander. Den Molton gegen die Rückseite heften und die Teile mit dichtem Zickzackstich, 23 cm von der Oberkante entfernt, applizieren.
Steppen Sie die Sonnenschirme auf, mit den hinteren Schirmen, die 4 cm unter dem Horizont befestigt werden, beginnen.
Nun die vorderen Sonnenschirme heften und applizieren.
Damit die Ständer der Schirme nicht ausfransen, empfehlen wir, dafür Schrägband zu verwenden. Schneiden Sie das Band in der entsprechenden Länge zu, und befestigen Sie die Ständer.
Zuletzt erhält der Strand mit Sonnenschirmen einen Zaun. Die Zaunlatten werden mit engem Zickzackstich entsprechend der Zeichnung zusammengehalten. Die Vorder- und Rückseite der Matte rechts auf rechts gegeneinandersteppen, seitlich 30 cm offen lassen. Nun die Arbeit wenden und die Naht mit kleinen Stichen schließen. Damit die Vorder- und Rückseite fest miteinander verbunden werden, setzen Sie entlang der gestrichelten Linie auf der Zeichnung eine Maschinennaht, ebenso entlang der Verbindungslinie der Zaunlatten, um die Wolken herum und 3 cm vom Rand um die ganze Matte.

Viel zu schade, um sich hineinzulegen

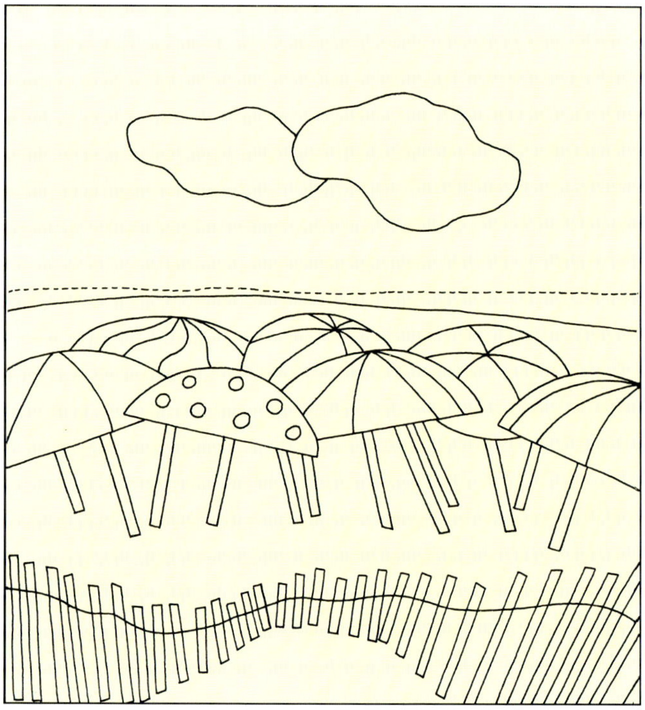

Schemazeichnung für den Zuschnitt

Großes Taftkissen

Ein dekoratives Geschenk, schnell und ohne Materialkosten herzustellen.

Material Futterstoffreste in 6–10 verschiedenen Blautönen und 1 Rotton 82 × 82 cm Futterstoffrest (blau)	82 × 82 cm Wattevlies blaues Nähgarn Nähutensilien 2 kg Füllmaterial oder ein Kissen (80 × 80 cm)

Aus dem Futterstoff schneiden Sie 100 Quadrate, davon 2 rote, zu. Jedes Quadrat sollte eine Größe von 10 × 10 cm haben. Nun nähen Sie immer 10 Quadrate zu einer Bahn zusammen. Die Nahtzugabe beträgt ca. 1 cm. Wenn die Nähte auseinandergebügelt sind, fügen Sie die einzelnen Bahnen aneinander. Sie erhalten ein Patchworkquadrat von 82 × 82 cm. Nun ist es wieder sehr wichtig, daß die Nähte sorgfältig auseinandergebügelt werden.

Das Quadrat mit der linken Seite auf das Wattevlies legen und feststecken. Nun wird auf den Nähten, mit denen Sie die kleinen Quadrate zusammengenäht haben, entlanggesteppt. Legen Sie diese Kissenplatte mit ihrer rechten Seite auf das blaue Futterquadrat, und nähen sie beide an drei Seiten zusammen. Alle Kanten versäubern. Den Kissenbezug wenden und das Kissen mit dem Füllmaterial ausstopfen. Die vierte Naht mit der Hand schließen. Es eignet sich der Überwendlingsstich.

Einige rote Farbtupfer beleben das Kissen

Hüttenschuhe in Variationen

Nicht nur auf Skihütten, sondern auch im eigenen Heim werden Hüttenschuhe an kalten Wintertagen getragen.

Herrenhüttenschuhe

Kinderhüttenschuhe

Material
Esslinger Trockenwolle 64
100 g in der Grundfarbe
Reste für die bunten Reihen
1 Stricknadelspiel Nr. 4

Grundmuster
Glatt rechts = Hinreihe rechts, Rückreihe links oder in Runden immer rechts stricken.

Die Arbeitsanleitung wird für einen Hüttenschuh für Schuhgröße 39/40 gegeben. Für andere Größen ist die Anleitung entsprechend abzuwandeln.

Fertigung

48 Maschen in der Grundfarbe anschlagen und zur Runde schließen. In 2 Maschen rechts, 2 Maschen links 26 Runden stricken. Nur für die Ferse über 18 Maschen glatt rechts stricken. Dann das Käppchen wie folgt arbeiten: 12 Maschen stricken, Arbeit wenden, 5 Maschen zurückstricken, die nächsten beiden Maschen zusammenstrikken. Wenden, wieder 5 Maschen stricken und zwei zusammenstricken. Dies wiederholen, bis nur noch 6 Mittelmaschen übrig sind. Nun aus den Seitenkanten der Ferse je 9 Maschen aufnehmen und in Runden darüberstricken. Dabei jeweils die erste und letzte Masche des Fußblattes und jeweils die erste aufgenommene Masche der Fersenkante markieren. In den folgenden Runden 3mal in jeder zweiten Runde die 2 Maschen vor den markierten Maschen rechts verschränkt zusammenstricken. Gleiches mit den 2 Maschen hinter den markierten. Nun ca. 11 cm gerade stricken, dann wieder die gleichen Maschen wie am Beginn des Fußes markieren und beidseitig davon 5mal in jeder Runde und 3mal in jeder weiteren Runde Maschen abnehmen. Zuletzt immer 2 Maschen zusammenstricken und die restlichen Maschen mit dem Fadenende zusammenziehen und vernähen. Nach Belieben den Hüttenschuh besticken. Wer möchte, kann auch in Höhe der Sohle einen Zopf einstricken.

Für die Dame

Die Sohle, die meist fertig vorgestanzt im Fachhandel erhältlich ist, mit dem Hexenstich oder dem Saumstich am Strickschuh befestigen.

So befestigen Sie die Sohle am Gestrick

Bunte Socken, nicht nur für den Winter

Socken kann man immer gebrauchen: Gegen kalte Füße im Winter und auch an kühlen Sommertagen.

Material
je Paar ca. 100 g bunte Wollreste
1 Spiel Stricknadeln
Stopfnadel mit Spitze

Die Grundform der Socken wird wie folgt gearbeitet: 40 Maschen auf 4 Nadeln verteilt anschlagen und ein 2 cm hohes Bündchen (1 Masche rechts, 1 Masche links) stricken.
Nun je nach Muster den Schaft 12–17 cm hoch stricken.
Arbeiten Sie nun die Ferse. Nach der letzten Musterrunde in der Grundfarbe 20 Maschen rechts stricken, mit einer Randmasche enden und wenden. Nun wieder 1 Randmasche, 2 Maschen rechts, 16 Maschen links, 2 Maschen rechts, 1 Randmasche stricken. Die Arbeit wenden und rechts zurückstricken. In diesem Wechsel 16 Reihen hochstricken. In der siebzehnten Reihe 14 Maschen rechts stricken, die nächsten beiden Maschen zusammenstricken und wenden. Die zusammengestrickte Masche abheben. * 8 Maschen links zurückstricken und die nächsten beiden Maschen links zusammenstricken, wenden, 8 Maschen rechts stricken, 2 Maschen zusammenstricken, wenden. Ab * wiederholen, bis alle Maschen rechts und links zusammengestrickt sind.
Für den Spann auf der rechten Seite der Ferse mit der Musterfarbe 8 Maschen aus den Randmaschen aufnehmen, die Kappenmaschen stricken und wieder links 8 Maschen aus den Randmaschen aufnehmen (46 Maschen). Nun rundherum wieder im Mustersatz stricken. Dabei rechts und links in jeder zweiten Reihe 3mal 2 Maschen am Fersenbeginn und -ende zusammenstricken, bis Sie wieder 40 Maschen auf den Nadeln haben.
Das Muster in der Runde über alle vier Nadeln bis zum kleinen Zeh hochstricken. Für die Spitze zu Beginn der ersten und dritten Nadel und am Ende der zweiten und vierten Nadel je 2 Maschen so lange zusammenstricken, bis noch 4 Maschen übrigbleiben. Diese mit Maschenstich schließen und alle Fäden gut vernähen.

Küchengarnitur im Landhausstil

Alle Motive sind auf dem Stickmustertuch abgebildet
(siehe Seite 98/99)

Küchengarnitur im Landhausstil

Stickmustertücher waren ursprünglich als Übungsstücke gedacht. Heute sind sie als dekorativer Wandschmuck sehr beliebt.

Material
Handarbeitsstoff Aida
Perlgarn oder Sticktwist
Sticknadel ohne Spitze
Nähutensilien

Ausschnitt: das Haus

Die ganze Küchengarnitur wurde aus den Motiven eines alten Stickmustertuches gestaltet. Dieser Tradition nachempfunden ist das hier abgebildete Mustertuch. Im Gegensatz zu den alten Vorbildern fehlen bei ihm die Zahlen und Buchstaben. Dafür stellt es eine vielseitige Sammlung der verschiedensten Motive und Borten dar.

Als Einzelmotiv ist ein jedes so ausgearbeitet, daß es, allein oder mit anderen kombiniert, vielerlei Verwendungsmöglichkeiten bietet. Die abgebildeten Modelle sind als Anregung gedacht. Es sind alles Zählmuster, und es ist ratsam, zunächst ein kleines Probemuster zu sticken, an Hand dessen Sie dann die genaue Größe des Motivs errechnen können.

Kissen, Topflappen, Kaffee- und Eierwärmer werden nach dem Besticken stilgerecht mit einem breiten Schrägband eingefaßt. Deckchen, Borten, Buchhüllen und der Handtuchhalter sind nur gesäumt. Beim Stoffkauf achten sie bitte darauf, daß Sie zum Fertigmaß noch die Saumzugabe dazurechnen müssen. Auch beim Einfassen mit Schräg- oder Paspelband empfiehlt es sich, einige Zentimeter dazuzurechnen.

1 Kästchen auf der Zeichnung des Stickmustertuches entspricht 1 Kreuzstich über ein Gewebekästchen.

Die abgebildeten Modelle sind in der Skizze vereinfacht dargestellt. In der Zeichnung finden Sie die Stickmotive mit der entsprechenden Modellnummer.

Hier die Fertigmaße der Modelle ohne Nachtzugabe und Saum:

1 Stickmustertuch:	ca. 57 × 45 cm
2 Borte:	ca. 8 × 93 cm
3 Borte:	ca. 7 × 93 cm
4 Handtuchhalter:	ca. 53 × 83 cm
5 Topflappen:	ca. 21 × 24 cm
6 Stuhlkissen:	ca. 26 × 35 cm
7 Stuhlkissen:	ca. 38 × 38 cm
8/9 Buchhüllen:	je ca. 50 × 25 cm
10 Kaffeewärmer:	ca. 41 × 65 cm
11/12/13 Eierwärmer:	je ca. 20 × 11 cm
14 Deckchen:	ca. 30 × 30 cm
15 Läufer:	ca. 36 × 55 cm
16/17 Sets:	je ca. 30 × 45 cm
18 Kissen:	ca. 40 × 40 cm
19 Kissen:	ca. 43 × 43 cm
20 Kissen:	ca. 42 × 42 cm

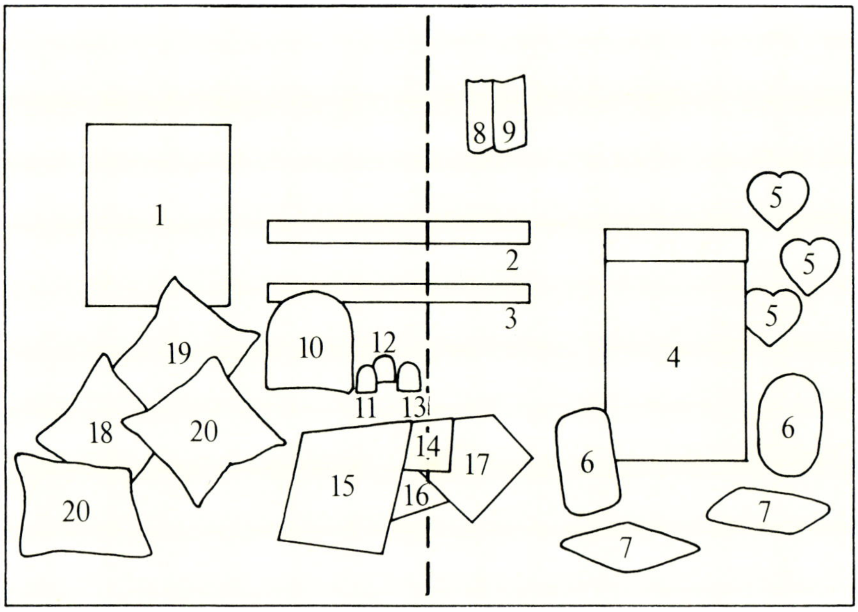

Modellnummern (siehe Abbildung Seite 96/97)

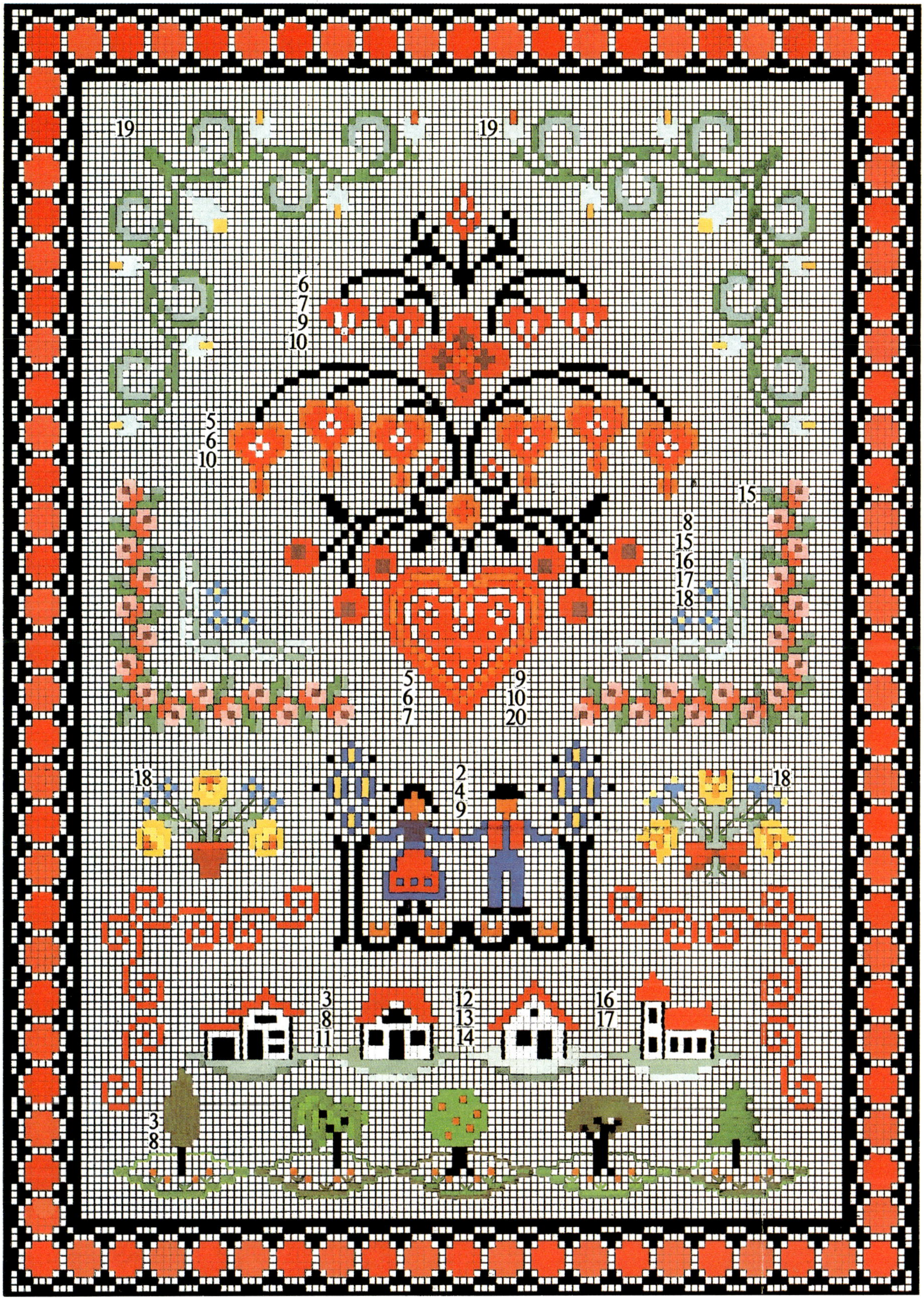

Das Stick-muster-tuch

Besticktes für das Badezimmer

Die ausgewählten Modelle zeigen, wie durch bereits sparsame Stickerei jedes Teil zum persönlichen Einzelstück und wertvollen Geschenk wird.

Material
Waffelpiqué
Perlgarne Nr. 5 und Nr. 3
Sticknadeln mit Spitze
Nähutensilien

Alle abgebildeten Gegenstände sind aus einem Waffelpiqué gearbeitet. Dieser Stoff hat sich schon in Großmutters Haushalt bewährt.

Sie finden jedes Motiv auf dem nebenstehenden Stickmustertuch. Die Motive werden im Kreuzstich, mit Schlingendurchzug oder Durchzugsstickerei gearbeitet.

Achten Sie beim Stoffkauf darauf, daß genügend breite Ränder zum Säumen oder Zusammennähen berechnet werden. Hier die Fertigmaße der Gegenstände (ohne Naht- und Saumzugabe):

Waschlappen	ca. 30× 30 cm
Waschhandschuh	ca. 14× 20 cm
Gästehandtücher	ca. 35× 50 cm
Durchzugborte	ca. 12× 60 cm
Blumenborte	ca. 12×100 cm
Handtuch	ca. 49× 70 cm
Badehandtuch	ca. 70×120 cm
Überhandtuch	ca. 50× 80 cm
Bađematte	ca. 55× 70 cm
Bademantel	je nach Schnitt

Zum Einfassen und Verzieren der Modelle bieten sich bunte Paspeln und Schrägbänder an.

Schön gemütlich, dieses Badezimmer

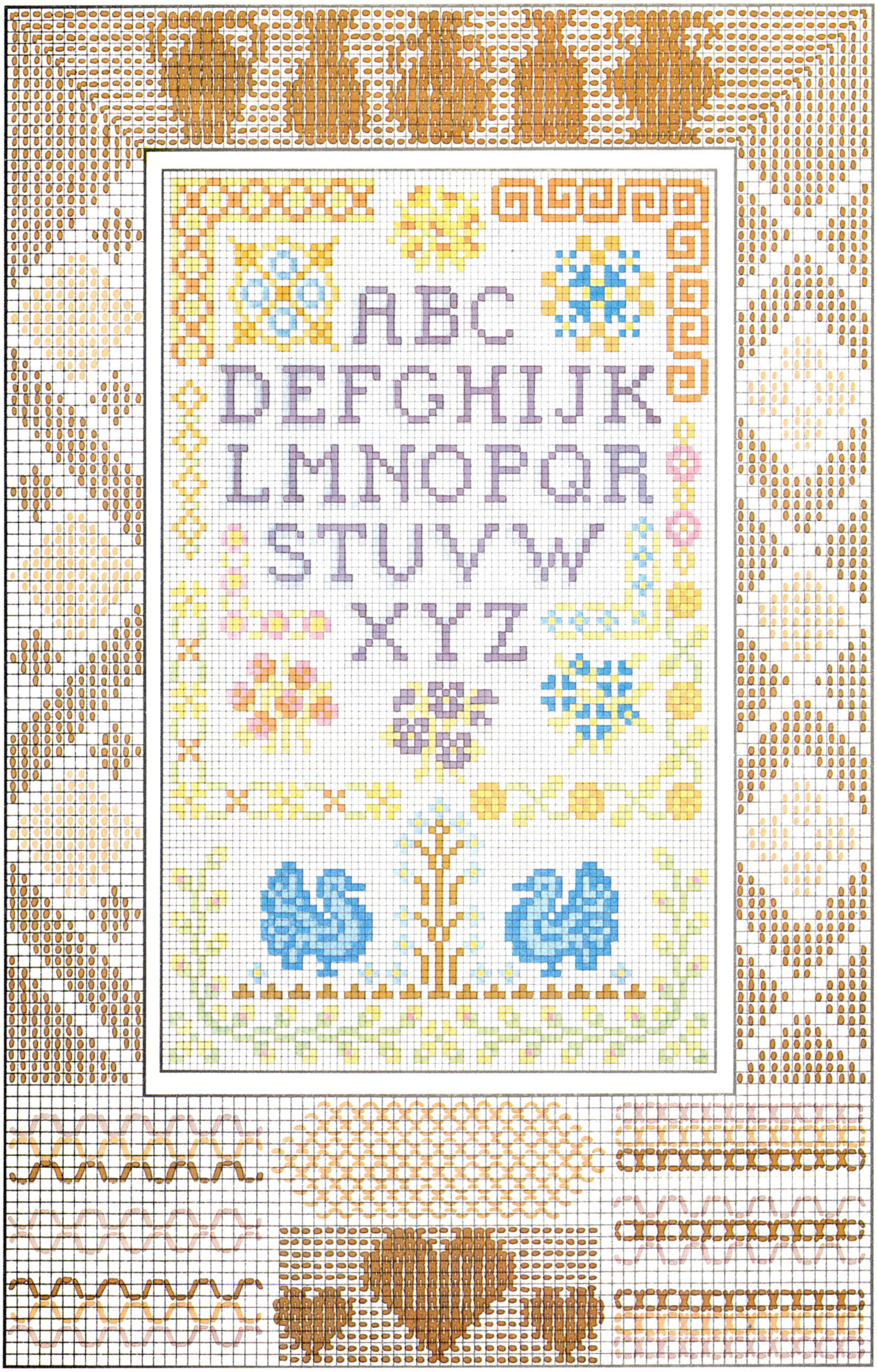

Stick-
mustertuch

Häkelspitzen für das Badezimmer

Gehäkelte Spitzen machen schlichte Handtücher, Duschtücher oder Konsolendecken zu hübschen Geschenken.

Diese einfachen Spitzen verschönern Ihre Textilien im Bad

Die Spitzen werden aus Luftmaschen, festen Maschen, Stäbchen und Kettmaschen gehäkelt. 11 Luftmaschen anschlagen und nach 2 Wendeluftmaschen in die restlichen 9 Stäbchen arbeiten.
Die Arbeit wenden. 8 Luftmaschen, 1 Stäbchen in das letzte Stäbchen der Vorreihe häkeln. Mit 5 Luftmaschen 4 Stäbchen überspringen, 1 Stäbchen häkeln und mit weiteren 5 Luftmaschen nochmals 4 Stäbchen übergehen. In das letzte Stäbchen 1 Stäbchen arbeiten. Mit 5 Luftmaschen wenden. 9 Stäbchen in die Luftmaschen der Vorreihe und 14 Stäbchen in den Luftmaschenbogen häkeln, mit einer Kettmasche schließen. Nun die Picots als Rückreihe arbeiten. 4 Luftmaschen, 1 Kettmasche in die erste Luftmasche. Von nun an die Arbeitsschritte wiederholen: * 2 Kettmaschen in das nächste und übernächste Stäbchen der Vorreihe, 4 Luftmaschen, 1 Kettmasche in das letzte Stäbchen *. Nach den Picots 7 Luftmaschen in das letzte Stäbchen nach dem Halbbogen arbeiten und wieder mit 5 Luftmaschen 4 Stäbchen der Vorreihe überspringen. So bis zum Ende arbeiten. Den zweiten Bogen und alle weiteren wie den ersten häkeln. Statt des mittleren Picots im Halbbogen kann auch eine Spirale (feste Maschen auf einer Luftmaschenkette) gehäkelt werden.

Hier die Spitze noch einmal deutlich

Material
dünnes Baumwollgarn
Häkelnadel Nr. 1
oder Nr. 1,5
Nähutensilien

Massagehandschuh aus Sisal

Eine Massage mit dem selbstgefertigten Handschuh bringt den Kreislauf wieder in Schwung.

Schlagen Sie 25 Luftmaschen an, schließen Sie diese zu einem Kreis. Nun 9 Runden feste Maschen häkeln, dabei immer in das hintere Glied der Masche einstechen, um eine rauhe Oberfläche zu bekommen.

Zu Beginn der zehnten Runde mit 5 Luftmaschen 5 feste Maschen der Vorreihe überspringen. 7 Runden häkeln und nun in jeder weiteren Runde zu Beginn und in der Mitte der Runde 1 Masche abnehmen, bis 13 Maschen übrigbleiben. Diese zusammenziehen und den Faden vernähen.

Für den Daumen über die 10 Maschen der Rundung 5 Runden feste Maschen häkeln. Dann jede zweite Masche überspringen, die letzten 4 Maschen zusammenziehen.

Den Faden vernähen. Einen Aufhänger aus 12 Luftmaschen arbeiten und seitlich befestigen.

Für das Futter den Frotteestoff in Fausthandschuhform zuschneiden, die Nähte schließen und in den Massagehandschuh so einschieben, daß die Nahtzugabe um die Kante des gehäkelten Handschuhs geschlagen und als Saum darauf befestigt werden kann.

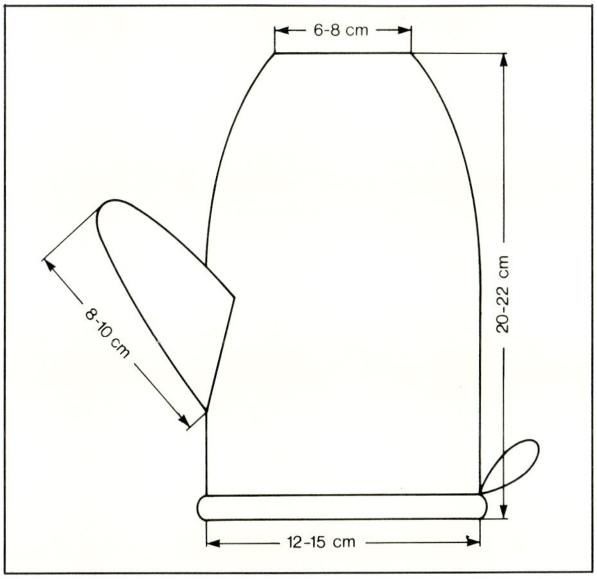

Die Größe des Handschuhs in Zahlen

Material
ca. 70 m Sisal, 2 mm ∅
Häkelnadel Nr. 4
25 × 50 cm Frotteestoff
Nähutensilien

Bettüberwurf in Filethäkelei

Ein Geschenk im Trend der Zeit – der nostalgische Bettüberwurf in Häkeltechnik.

Die Häkelquadrate werden auf den Grundstoff aufgenäht

Nach der Musterzeichnung 39 Quadrate mit Randspitze häkeln. Jedes Quadrat hat eine Seitenlänge von 21,5 cm. Die fertigen Teile werden leicht gespannt und gedämpft.
Den Stoff in vier Stücke à 2,45 m teilen und je zwei Teile an den Längsseiten zusammennähen. Auf einem dieser großen Teile mit einem Heftfaden alle Linien der Verteilerskizze (siehe unten) markieren.
Beide Stoffstücke rechts auf rechts aufeinanderlegen und das Vlies darauflegen. An den markierten Außenlinien (ca. 1,5 cm vom Rand) absteppen.
Die Decke wenden und die Naht exakt in die Kante legen. Nun von rechts den Rand, die Längs- und Querlinien absteppen.
Nach der Verteilerskizze die Häkelquadrate auflegen und von Hand festnähen.

Material für eine Decke der Größe 238 × 143 cm
980 g Glanzhäkelgarn Nr. 20
Häkelnadel Nr. 1,25
9,80 m Baumwollstoff (90 cm breit)
2,45 m Einlagenstoff (1,60 m breit)

Häkelmuster

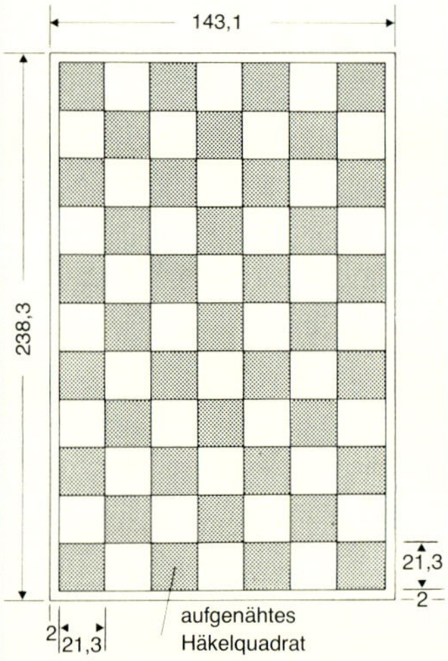

Verteilerskizze

Gewebte Lavendelbeutel

Duftende Beutelchen für den Wäscheschrank, hergestellt in der Bandwebtechnik.

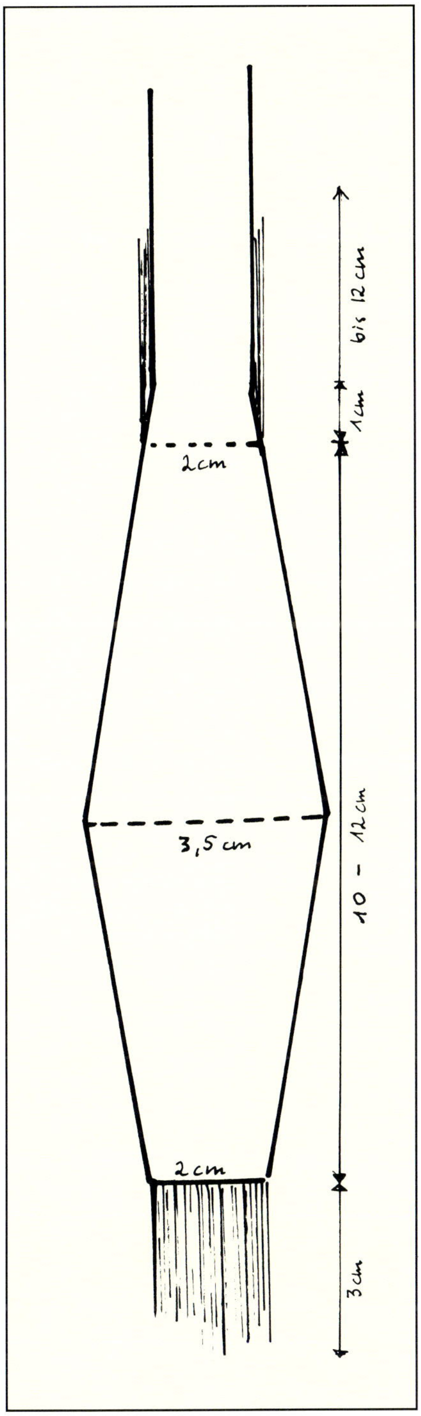

Das Schnittschema

Klein, aber von feinstem Inhalt

Material
Bandwebkamm oder Schiffchen
Tischklammer, Gürtel
Leinen-16/2 oder Perlgarn in verschiedenen Farben
Nähnadel
Lavendelblüten

Für ein Beutelchen benötigen Sie 45 cm lange Fäden. Schneiden Sie die Fäden wie folgt zu:

Lavendel	=	8 Kettfäden
Gelb	=	20 Kettfäden
Aquamarin	–	6 Kettfäden
Hellblau	=	8 Kettfäden
Lila	=	5 Kettfäden
Pink	=	4 Kettfäden
Weiß	=	4 Kettfäden

Nach dem Muster die Kettfäden in den Bandwebkamm einziehen und in Leinenbindung mit einem lavendelblauen Faden weben. Das Band 2 cm breit beginnen. Langsam die Kette auseinanderziehen und somit breiter werden. Ist eine Breite von 3,5 cm und eine Gesamtlänge des Bandes von 5 cm erreicht, wieder auf eine Breite von 2 cm zurückgehen (vgl. Schemazeichnung).
Für die Fransen je 3 cm der Kettfäden hängen lassen. Die Webarbeit doppelt falten, zusammennähen und die Lavendelblüten einfüllen. Dann das Beutelchen mit einem Faden zubinden. Für das einfarbige Beutelchen 32 Fäden spannen und wie oben weben. Dann aber ein Bändchen von 12 cm Länge und 2 cm Breite fertigen. Den Beutel zusammennähen und ein schmales Band nach dem Füllen um das ganze Beutelchen legen und dies mit einem Faden zusammenbinden.

Gestickte Kartengrüße

Selbstgestickte Kartengrüße sind etwas Besonderes. Der Empfänger kann das Motiv rahmen, als Türschild anbringen, als Applikation auf ein Kleidungsstück verwenden.

Material
einfarbige Stoffreste
Sticktwist
Sticknadel mit Spitze
Nähutensilien
Schneiderkopierpapier
Transparentpapier
Klebstoff
Tonpapier oder Passepartouts

Zunächst übertragen Sie mit Transparentpapier und mit Schneiderkopierpapier das Motiv auf den entsprechenden Stoff und sticken dann nach den Angaben im Motiv die Flächen und Konturen aus.
Nun wird aus dem farblich abgestimmten Tonpapier ein passendes Passepartout zugeschnitten und die Stickerei vorsichtig von innen dagegengeklebt. Damit die linke Seite der Stickerei verdeckt wird, kleben Sie ein entsprechend großes Tonpapier von innen dagegen. Einfacher ist es, vorgefertigte Briefkarten oder Stickpassepartouts zu verwenden.

Tip:
Die Farben der Motive können Sie nach Belieben verändern.
Sollen einige Farbflächen in sich strukturiert werden, so variieren Sie die Stichlänge und sticken mit geteiltem Faden.

Ein Gruß zur Hochzeit

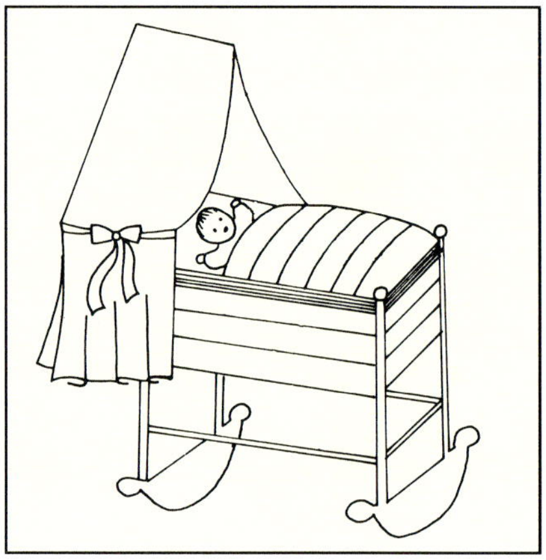

Zur Geburt die besten Wünsche

Das erste Auto

Zum Kindergeburtstag alles Gute

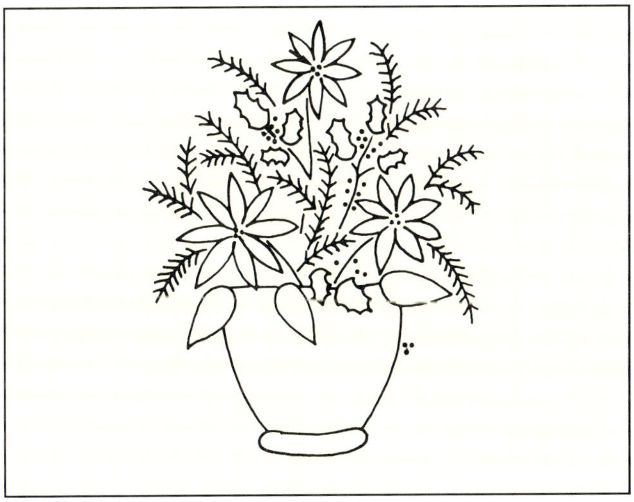

Herzlichen Glückwunsch

Exklusive Grußkarten

Schnell lassen sich aus kleinen Stoffresten, die bei der Seidenmalerei übriggeblieben sind, zauberhafte Grußkarten herstellen.

Grußkarten mit verschiedenen Passepartouts

Für diese Karten können Sie alle Techniken der Seidenmalerei anwenden oder gezielt den Stoff für die Grußkarten einfärben.

Scharfe, sich vom Hintergrund abhebende Konturen erhalten Sie, indem Sie vor dem Malen die Umrisse mit Konturenfarbe (Gutta) zeichnen und nach dem Trocknen die Landschaft, das Blumenmotiv oder ein Ornament farblich anlegen.

Mit Salzeffekten erzielen Sie Überraschungsmalereien, wie Sie auch auf den Broschen (S. 40) sehen können.

Die braune Landschaft entsteht durch Schichten der Farbe. Dabei malen Sie zunächst ohne Konturen das Motiv auf die Seide und lassen die Farbe etwas antrocknen, bevor Sie mit dem nächsten Ton weiterarbeiten. Die Farbschichten laufen dann etwas ineinander und ergeben dunkle Umrisse. Diese können Sie nach dem Trocknen noch mit schwarzer Stoffarbe betonen oder vertiefen.

Wenn die Malerei zur Zufriedenheit ausgefallen ist, das Fixieren nicht vergessen! Die Anweisungen dazu sind den jeweiligen Farbtypen beigegeben und müssen genau beachtet werden, um den optimal möglichen Effekt zu erzielen.

Im Fachhandel gibt es fertig zugeschnittene Passepartouts. Die Seide kleben Sie von innen ein und decken Sie dann mit einem dünnen Karton ab.

Material
Seidenreste
Passepartout
Klebstoff

Adventskalender

Wie strahlen die Kinderaugen in der Adventszeit, wenn jeden Morgen ein Päckchen hilft, die lange Wartezeit bis Weihnachten zu verkürzen.

An kleinen Metallringen werden die Süßigkeiten befestigt

Zunächst den Leinenstoff mit Zickzackstich auf der Nähmaschine einfassen.
Nun übertragen Sie die einzelnen Motive mit Schneiderkopierpapier auf den Stoff.
Den Stiefel, die Nikolaus- und Zwergenkleidung, den Engel und das Zwergenhaus übertragen Sie auf den entsprechenden Filz und schneiden alles ohne Nahtzugabe aus. Dann befestigen Sie die Motive mit dem Festonstich auf den Behang. Die anderen Motive sticken Sie mit Stielstich und Spannstich aus. Nun mit Schneiderkreide die Zahlen 1–24 gleichmäßig verteilt aufzeichnen und mit goldfarbenem Garn im Stielstich aussticken. Unter jede Zahl nähen Sie dann einen Messingring.
Den Wandbehang ringsherum 1 cm einschlagen, säumen, von links das Futter mit kleinen Stichen unsichtbar gegennähen. Als Aufhängung 2 Messingringe anbringen. Nun fehlen nur noch die kleinen Überraschungen.

Material
35 × 75 cm grüner Leinenstoff
goldfarbenes Stickgarn
bunte Garn- und Filzreste
26 Messingringe, 1,5 cm ∅
35 × 75 cm Futterstoff
Nähutensilien
Schneiderkopierpapier
Schneiderkreide

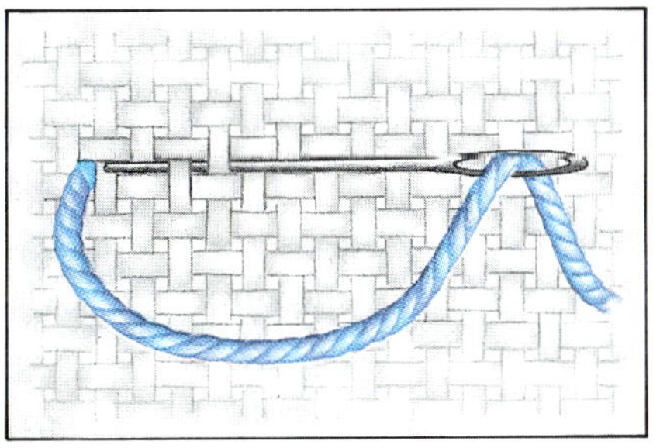

Den Stielstich von links nach rechts arbeiten

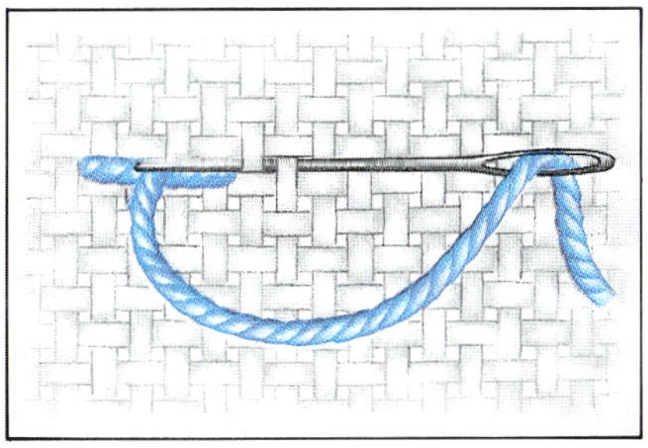

Nadel einstechen, die Hälfte der übergangenen Fäden links auffassen

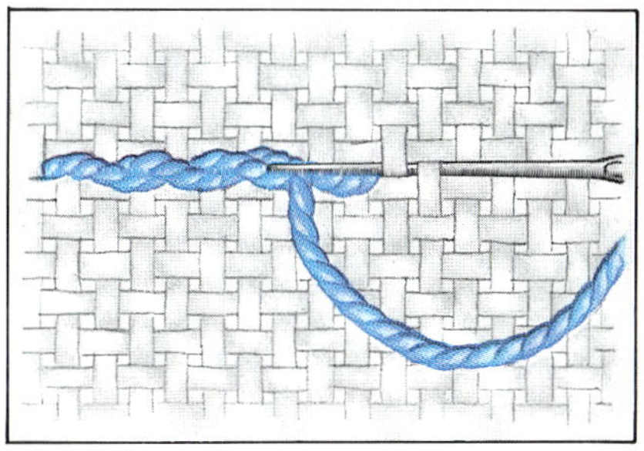

Den Stielstich kann man gezählt oder frei auf einer Linie arbeiten

Bald ist Nikolaustag

Was mögen die beiden »roten Männer« nur alles unter ihren Mänteln verbergen?

Ein Nikolaus für die Großen und einer für die Kleinen

Material für den großen Nikolaus
100 g rote Mohairwolle
50 g weiße Wolle
schwarze, graue oder mit Lurex durchwirkte Wollreste
beige Wollreste
10 × 30 cm beiger Stoff
2 kleine braune Holzperlen
Reisig
1 Plastikbecher (1 l Inhalt)
Nähutensilien
1 Spiel Stricknadeln Nr. 4
1 Häkelnadel Nr. 4
Füllmaterial
2mal 25 cm Damenstrumpf
Klebstoff

Stricken und häkeln sollten Sie schon können, um diese beiden freundlichen Weihnachtsmänner herzustellen; ansonsten bereitet die Anfertigung der Nikoläuse keine Probleme.

Großer Nikolaus

Verteilt auf 4 Stricknadeln schlagen Sie 60 Maschen an und stricken im Halbpatent 15 cm hoch; anschließend ketten Sie sämtliche Maschen ab.
4 Reihen feste Maschen daraufhäkeln, dabei aber nicht rund, sondern in Reihen häkeln für die Kragenöffnung. In Verlängerung dieser Öffnung vom unteren Saum her mit weißer Wolle eine Reihe feste Maschen hochhäkeln, dann den Kragen umhäkeln und auf der Vorderseite entlang den festen Maschen wieder zurück bis zum Saum häkeln.
Die Arbeit wenden und auf die festen Maschen eine zweite Reihe häkeln.
Für die Mütze schlagen Sie 40 Luftmaschen an und schließen mit einer Kettmasche die Runde. Nun häkeln Sie rundherum feste

Maschen, dabei in jeder zweiten Reihe nach 3 cm 4mal verteilt 2 Maschen zusammenhäkeln. Nach insgesamt 12 cm Höhe ziehen Sie die Mütze zusammen und vernähen den Faden.
Am unteren Mützenrand werden nun als Besatz aus weißer Wolle 2 Reihen feste Maschen gehäkelt.
Die beiden Damenstrumpfteile ineinanderschieben, damit das Gewebe verstärkt wird. Die Teile an einem Ende zusammenziehen. Nun wird der Kopf mit Füllmaterial ausgestopft, bis er einen Durchmesser von etwa 10 cm hat.
Für die kleine Nase binden Sie eine Kugel von ca. 3 cm Durchmesser fest ab. Nun den Hals abbinden und den Strumpf straff über den Becher ziehen. Sollte er etwas zu weit sein, legen Sie eine kleine Falte und nähen diese mit kleinen Stichen ab. Der Strumpf wird anschließend am Becher gut festgeklebt.
Als Augen nähen Sie kleine Perlen an, ziehen den roten Mantel über den Kopf und den Becher und befestigen ihn mit kleinen Stichen am Hals. Dann setzen Sie die Mütze auf, nähen sie fest und gestalten mit grauer, schwarzer oder lurexdurchzogener Wolle mit Schlingen die Haare am Mützenrand.
Ebenso entstehen der Bart und die Augenbrauen.
Nun häkeln Sie mit beigefarbener Wolle aus festen Maschen zwei Halbkugeln von ca. 3,5 cm Durchmesser, stopfen sie mit Füllmaterial und nähen sie als Hände an den Mantel. Dieser Nikolaus hält in einer Hand einen kleinen Sack aus Leinen, in der anderen einen Besen. Zum Schluß kleben Sie den Mantelsaum um die Becheröffnung. Unter dem Becher können Sie nun leckere Süßigkeiten verstecken.

Der Bart wurde in Schlingenhäkelei gefertigt

Material für den kleinen Nikolaus
50 g rote Wolle
weißer Wollrest
20 cm Damenstrumpf
beiger Wollrest
2 kleine braune Perlen
10 × 25 cm Leinen
Nähutensilien
Klebstoff
Reisig
1 Spiel Stricknadeln Nr. 3,5
1 Häkelnadel Nr. 3,5
Füllmaterial
1 Plastikbecher, ca. 8 cm ∅ und 10–12 cm hoch

Kleiner Nikolaus

Zunächst schlagen Sie 40 Luftmaschen an und schließen den Kreis mit einer Kettmasche. Nun häkeln Sie zwei Reihen feste Maschen, indem Sie immer nur in den hinteren Faden einstechen.
Aus der letzten Runde verteilt auf 4 Stricknadeln 40 Maschen aufnehmen und rundherum glatt rechts 10 cm hochstricken, dann 6 Maschen abketten. Mit den restlichen Maschen wird die Kapuze gearbeitet.
Dafür nehmen Sie in der ersten Reihe verteilt 10 Maschen auf, wenden die Arbeit und stricken bis zur Mitte zurück. 1 Masche aufnehmen und bis zum Ende weiterstricken, wenden. In der Rückreihe nehmen Sie nun vor und nach der aufgenommenen Masche der Vorreihe eine weitere Masche auf. So stricken Sie 7 Reihen hoch. Nähen Sie die Kapuze im Maschenstich zusammen und klappen die Spitze nach unten um.
Die Hände arbeiten Sie wie beim großen Nikolaus. Für das Gesicht legen Sie den Damenstrumpf doppelt, ziehen ein Ende zusammen und füllen den Kopf mit Füllmaterial gut aus. Er sollte einen Durchmesser von 7 cm erhalten. Das überschüssige Material wird als Falte eingenäht. Anschließend die Nase abbinden und die Perlen als Augen aufnähen.
Für den Bart schlagen Sie 12 Luftmaschen an und arbeiten diesen in Schlingenhäkelei. Für die Haare 15 Luftmaschen anschlagen und 2 Reihen Schlingen häkeln.
Nun kleben Sie den Kopf wie beim großen Nikolaus auf den Becher, ziehen den Mantel darüber und kleben den Saum unten am Becherrand gut fest. Die Haare nähen Sie über die Stirn und den langen weißen Bart befestigen Sie unter der Nase.
Nun noch das Säckchen zusammennähen, ausstopfen und dem Nikolaus über die Schulter legen. Mit der einen Hand sollte er es festhalten und in der anderen hält er den Besen.

Krippenfiguren aus Rupfen

Weihnachtskrippen zu gestalten ist eine alte Tradition und eine schöne Volkskunst.

Material für alle drei Figuren
50 cm Rupfen
(natur, 1,20 m breit)
25 cm Rupfen
(grün 1,20 m breit)
1,75 m Sisaldraht, 8 mm ∅
2 Styropor- oder Watteeier, 6 cm lang
2 Styropor- oder Wattekugeln, 1 cm ∅
1 Styropor- oder Watteei, 2 cm lang
etwas Hanf
schwarze Batikfarbe
Füllmaterial
etwas Blumenbindedraht
20 cm Damenstrumpf
10 cm Nahtband
Tapetenkleister
Holzleim
2 kleine Holzschuhe
1 Ast, 30–40 lang
1 Spanschachtel, 4–5 cm ∅
Nähutensilien

Zunächst werden alle Teile nach Angaben zugeschnitten und anschließend jede Figur nach Anleitung gefertigt.

Maria

Rupfen, natur:
Rock: 25 × 65 cm
Oberteil: 10 × 23 cm
Kopf: 12 × 12 cm
Armteil: 5 × 32 cm
Hals: 5 × 10 cm
Rupfen, grün:
Umhang: Halbkreis mit 50 cm ∅
Sisaldraht:
Armteil: 28 cm lang
Hals: 22 cm lang
Hanf: 20 cm lang

Den Rupfen um die Sisalzuschnitte mit Zwirn festnähen, an beiden Enden sauber einschlagen und gut zusammennähen, da diese als »Hände« sichtbar bleiben.

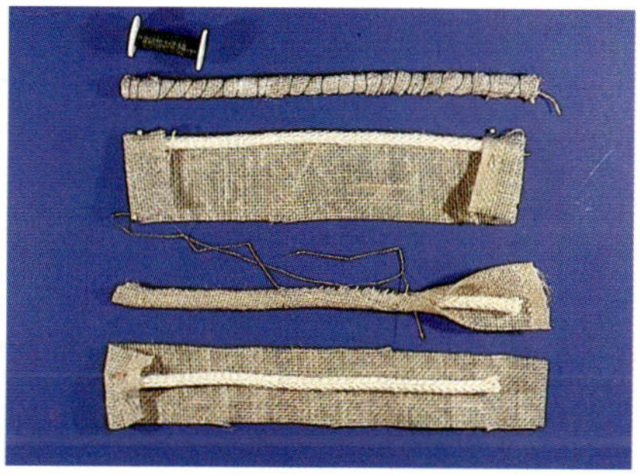

Die ersten Arbeitsschritte

Das Ei mit Holzleim bestreichen und diagonal auf den Rupfen für den Kopf legen. Den Rupfen faltenfrei um das »Gesicht« kleben und mit Draht am Hinterkopf zusammenhalten.
Für den Hals mit der Schere vorsichtig ein Loch in das Oberteil bohren und den Hals etwa 6 cm durch das Oberteil schieben,

So fertigen Sie den Kopf

Den Oberkörper mit Watte unterlegen

dieses hochklappen und darunter den 10 cm langen Teil des Damenstrumpfes befestigen. Füllmaterial um den Sisaldraht legen, den Strumpf darüberziehen und verknoten.
Für den »Busen« 2 Styroporkugeln auf den Bindedraht ziehen, in 1 cm Abstand befestigen und um den Oberkörper wickeln. Dabei darauf achten, daß eine Wespentaille entsteht.

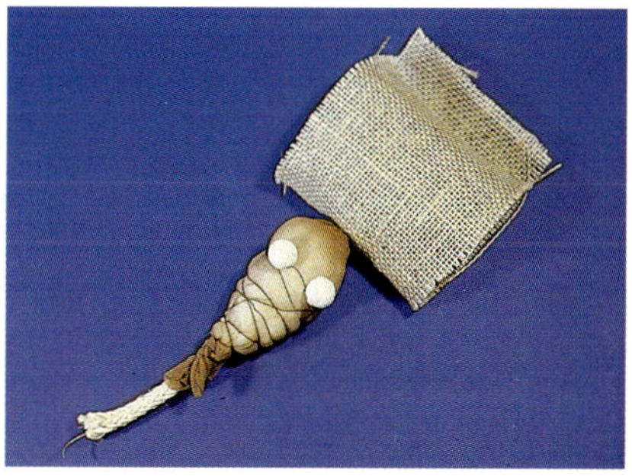

Mit kleinen Kugeln den Busen formen

Den Rock hinten schließen, unten säumen, oben einkräuseln und mit einigen Stichen in der Taille befestigen. Das Armteil unter den Rupfen des Oberteils

Rock und Oberkörper werden verbunden

legen. Das Oberteil auf den Schultern jeweils 2 cm einschlagen und zur Taille hin schmaler werden lassen.
Das Oberteil nun um den Rock herum einschlagen und festnähen. Die Seitennähte schließen und dabei kleine Busenabnäher einarbeiten.

Den Stoff fest an den Rock nähen

Den Kopf etwa daumenbreit unter dem Kinn mit einer Schere anbohren und auf den Hals drehen. Den Hals etwa 3 cm zwischen Oberteil und Kopf herausstehen lassen.

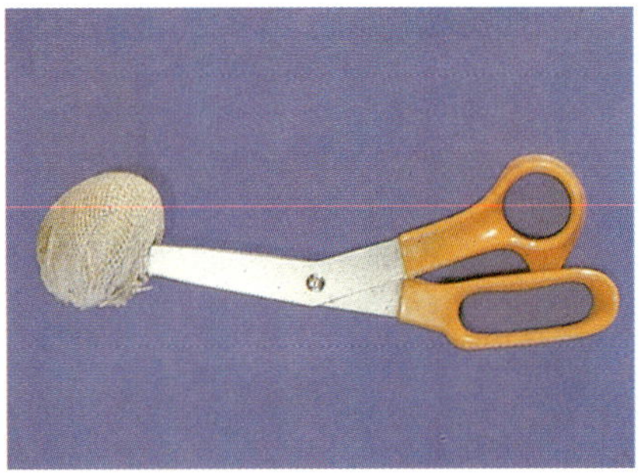

Mit der Schere ein Loch formen

Den ganzen Körper gleichmäßig mit Tapetenkleister einstreichen, die Figur in sitzende Haltung bringen und gut trocknen lassen.

Einen Becher unter die sitzende Puppe stellen

Für die Haare wird der Hanf mit schwarzer Batikfarbe eingefärbt. Nach dem Trocknen legen Sie den Hanf auseinandergezogen quer auf das Nahtband und nähen mit kleinen Maschinenstichen einen Scheitel. Das Band nun mit Holzleim bestreichen, an beiden Enden 2 mm einschlagen und von der Stirn her über den Hinterkopf bis zum Hals festkleben. Gut antrocknen lassen. Dann die Haare vorsichtig mit einer Bürste vorn über die Schultern legen.
Den Umhang schneiden Sie nach den Angaben zu, schlagen ihn ringsherum 2 cm ein und nähen den Saum unsichtbar fest. An der markierten Stelle ziehen Sie einen Faden durch, legen den Umhang über den Kopf, fixieren ihn mit einer Stecknadel und verknoten den Faden unter dem Kinn, so daß einer Art Kapuze entsteht. Den Umhang legen Sie über die ausgebreiteten Arme, nähen ihn zu Ärmeln zusammen, biegen die Arme in Form und ordnen den Faltenwurf des Umhangs.

Josef

Rupfen, natur:
Oberteil: 10 × 30 cm
Kopf: 12 × 12 cm
Armteil: 5 × 35 cm
Beinteil: 5 × 65 cm
Hals: 5 × 10 cm
Mantel: 24 × 60 cm
Rupfen, grün:
Hut: 2mal 6–8 cm ∅
Teile zum Bekleben der Spanschachtel
Sisaldraht:
Armteil: 30 cm lang
Beinteil: 60 cm lang
Hals: 20 cm lang

Für den Josef beginnen Sie wie bei Maria beschrieben. Dazu kommt noch ein Beinteil. Dann legen Sie alle Teile aufeinander und befestigen sie mit Bindedraht am Hals und Armteil. Das Rumpfteil nun über den Hals stülpen. Watte um den Oberkörper wickeln, das Strumpfgewebe darüberziehen und unter den Armen und zwischen den Beinen verknoten. Mit Bindedraht etwas in Form bringen. Nun das Rumpfteil ringsherum 2 cm einschlagen, zusammennähen und die Figur kleistern. Für den mantelartigen Umhang schneiden Sie aus dem naturfarbenen Rupfen 24 × 60 cm zu und boh-

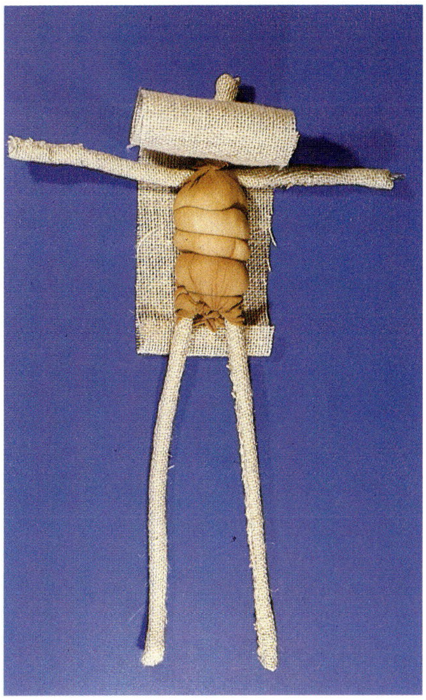

So wird der Oberkörper für Josef gefertigt

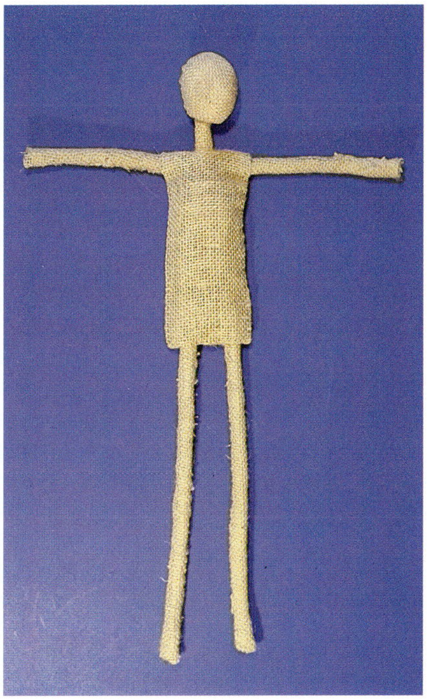

Nun kann Josef angekleidet werden

ren in der Mitte für den Hals vorsichtig die Öffnung, stecken den Hals durch und setzen den Kopf wieder auf.
Die Seitennähte des Mantels rechts und links je 1 cm einschlagen und von den Armen her bis zum Saum zunähen. Den Saum schlagen Sie nach innen um und nähen ihn fest. In der Taille legen Sie rundherum einige Falten und halten diese mit einer Kordel oder einem 1,5 cm breiten Band zusammen.

Für den Hut bekleben Sie einen Teil einer kleinen Spanschachtel mit grünem Rupfen. Aus dem gleichen Material schneiden Sie zwei Kreise von 6–8 cm Durchmesser aus und kleben sie zusammen. Nach dem Trocknen kleben Sie das Oberteil des Hutes auf den Kreis und schneiden vorsichtig die Kopföffnung heraus.
Für Josef ebenfalls aus einem Bündel Hanf eine Perücke (ohne Nahtband) gestalten und aufkleben. Die »Haare« etwas zurechtschneiden. Dann setzen Sie ihm den Hut auf, ziehen ihm die Holzschuhe an und geben ihm einen Stab in die Hand.

Baby

Rupfen, natur:
Kopf: 6 × 6 cm
Hals: 5 × 5 cm
Armteil: 5 × 13 cm
Rupfen, grün:
Steckkissen: 6 × 23 cm
Sisaldraht:
Armteil: 10 cm lang
Hals: 5 cm lang

Für das Baby arbeiten Sie Kopf, Hals und Arme wie bekannt und befestigen das Armteil mit Bindedraht am Hals.
Nun schlagen Sie das Steckkissen rundherum 1 cm ein und legen es nach der Abbildung unter Kopf und Armteil. Vor dem Festnähen am Kopf kleben Sie einige Strähnen Hanf auf die Stirn. Dann legen Sie als Körper etwas Füllmaterial ein und schlagen das Steckkissen bis zum Hals hoch.
Die Seitennähte zunähen und die Arme zurechtbiegen.
Zum Schluß binden Sie die Taille leicht ein und legen das Kind Maria in die Arme. Maria sitzt auf einem Stein oder kleinem Holzklotz, während Josef daneben steht und sich auf seinen Stab stützt.

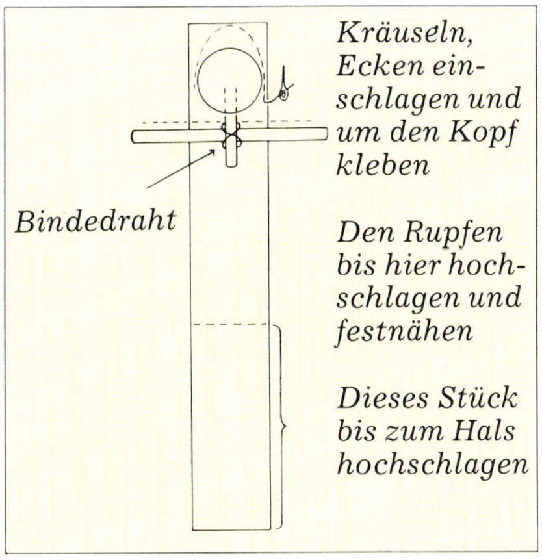

Schematische Anleitung für die Herstellung des Babys

Motive für die Smyrnaarbeiten Seite 8

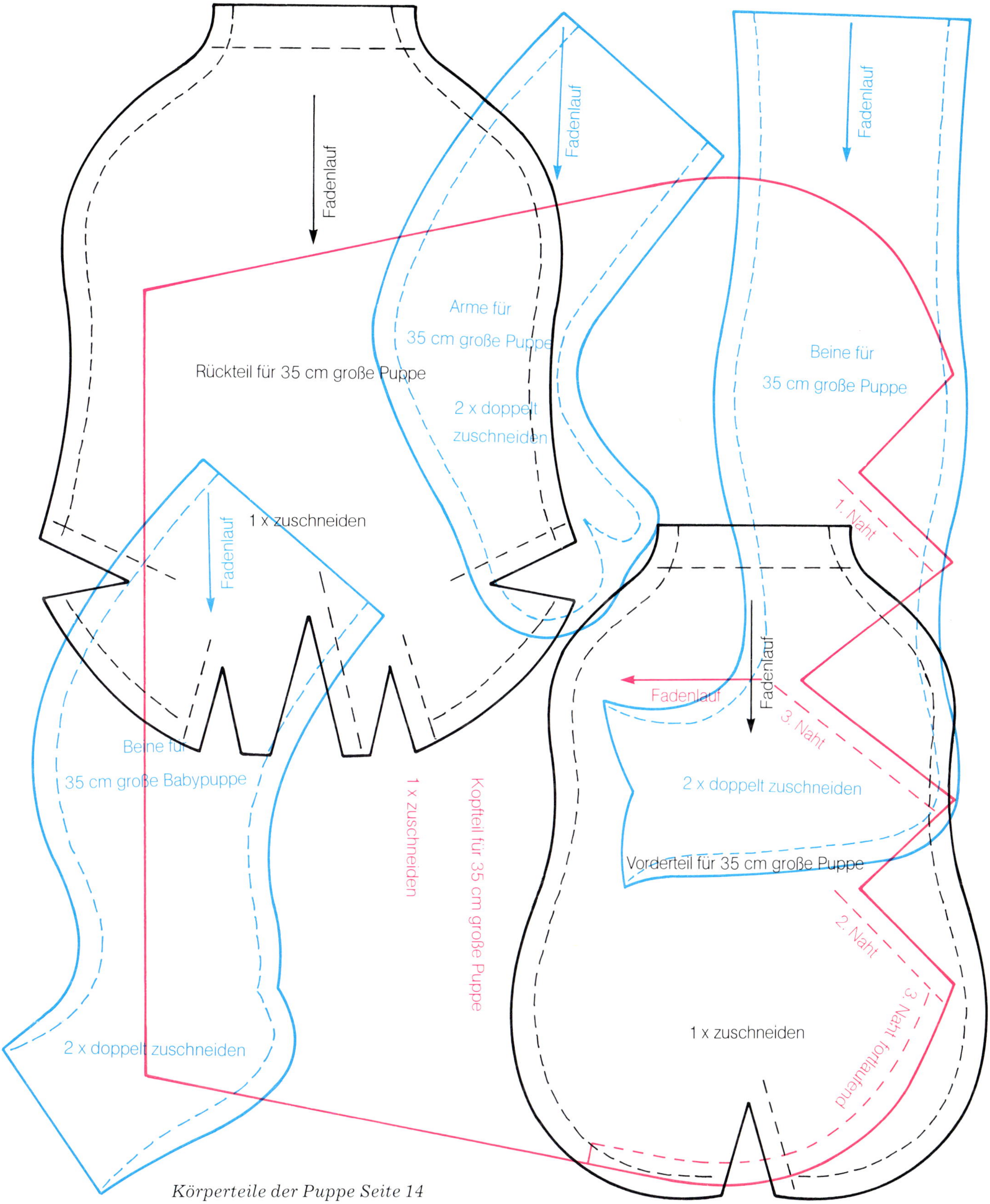

Körperteile der Puppe Seite 14

Stoffbruch
Hosenträger
Vorderteil
Ärmel
Fuß
Stoffbruch
kräuseln
Ärmel
Rückenteil
Pumuckl Seite 18
Bein
Rückenteil

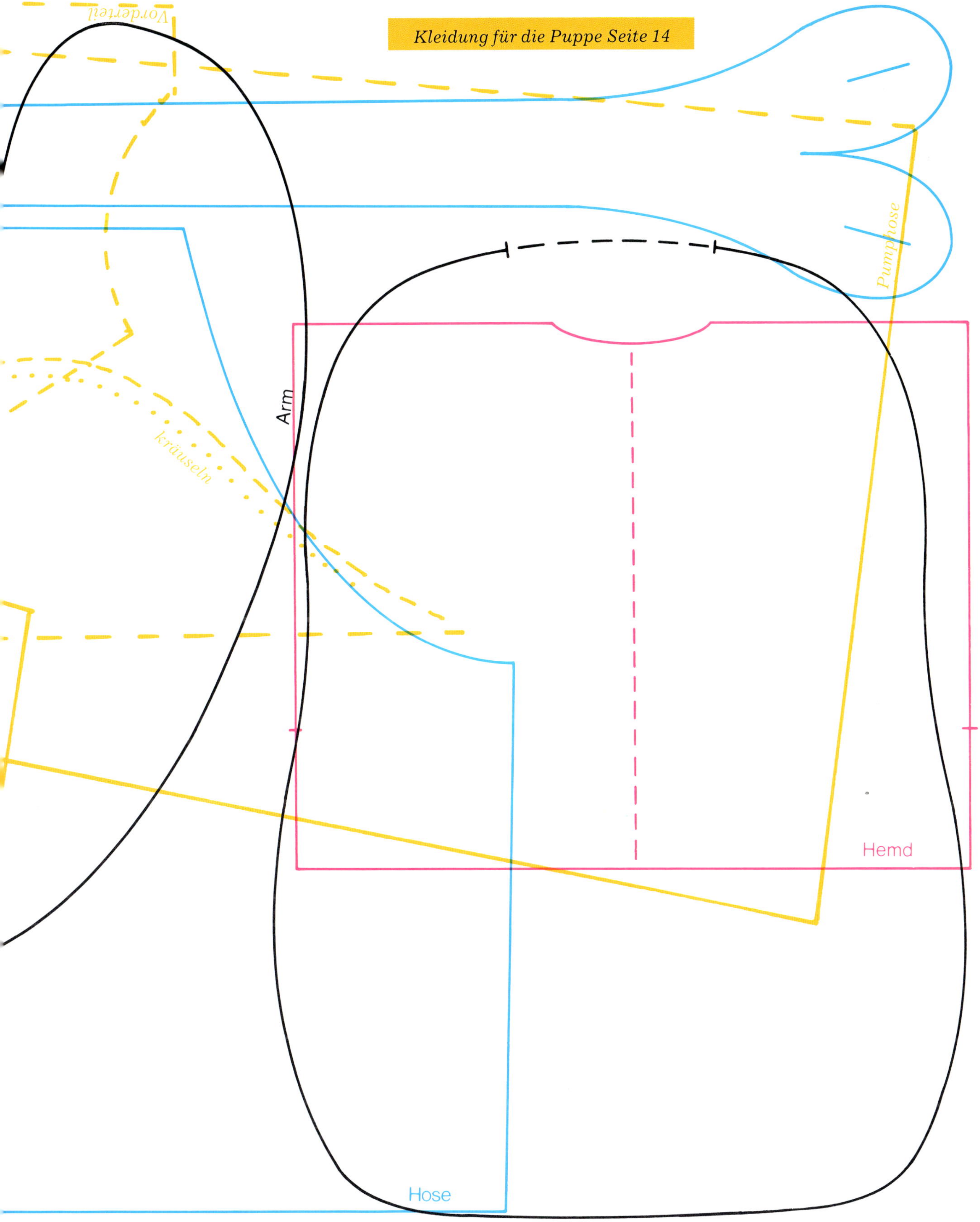
Vorderteil
kräuseln
Arm
Pumphose
Hemd
Hose

Kinderkleidung Seite 28

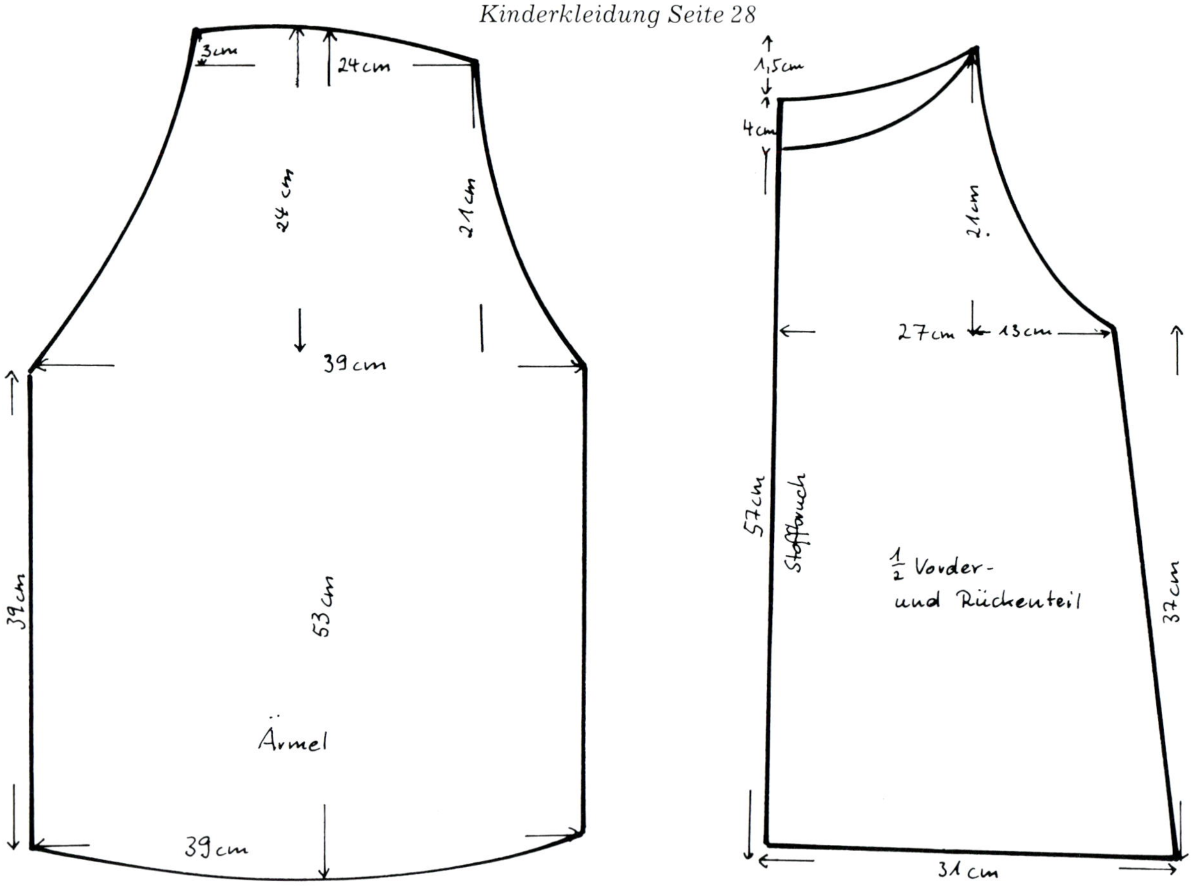

Heinzelmännchenbluse

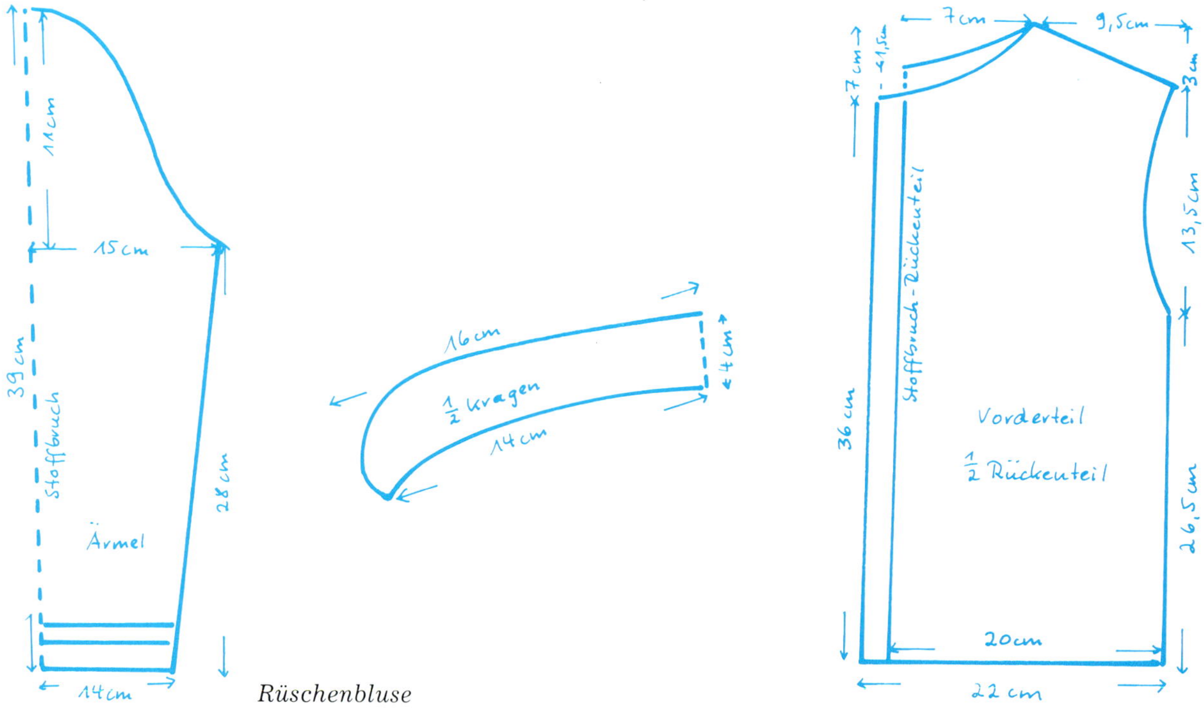

Rüschenbluse

Kinderkleidung Seite 28

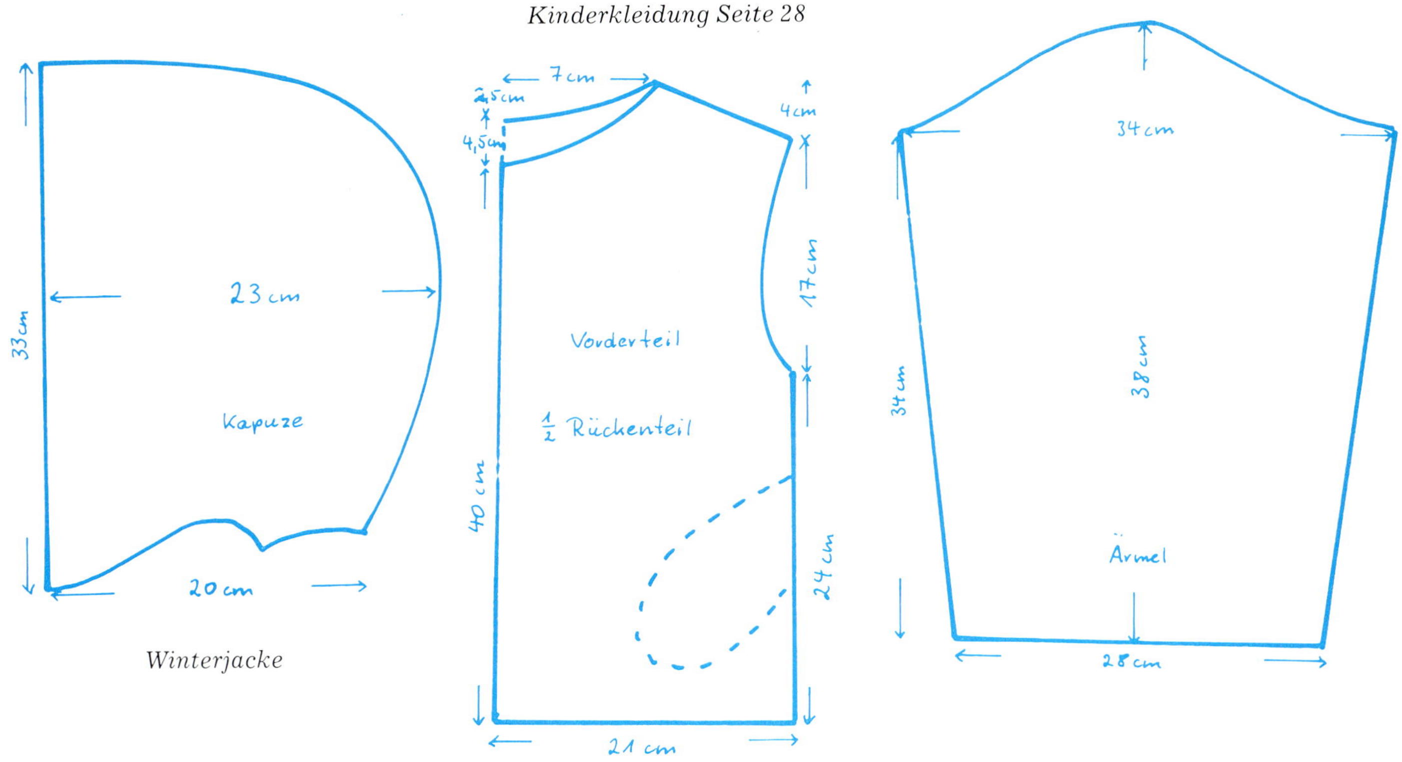

Winterjacke

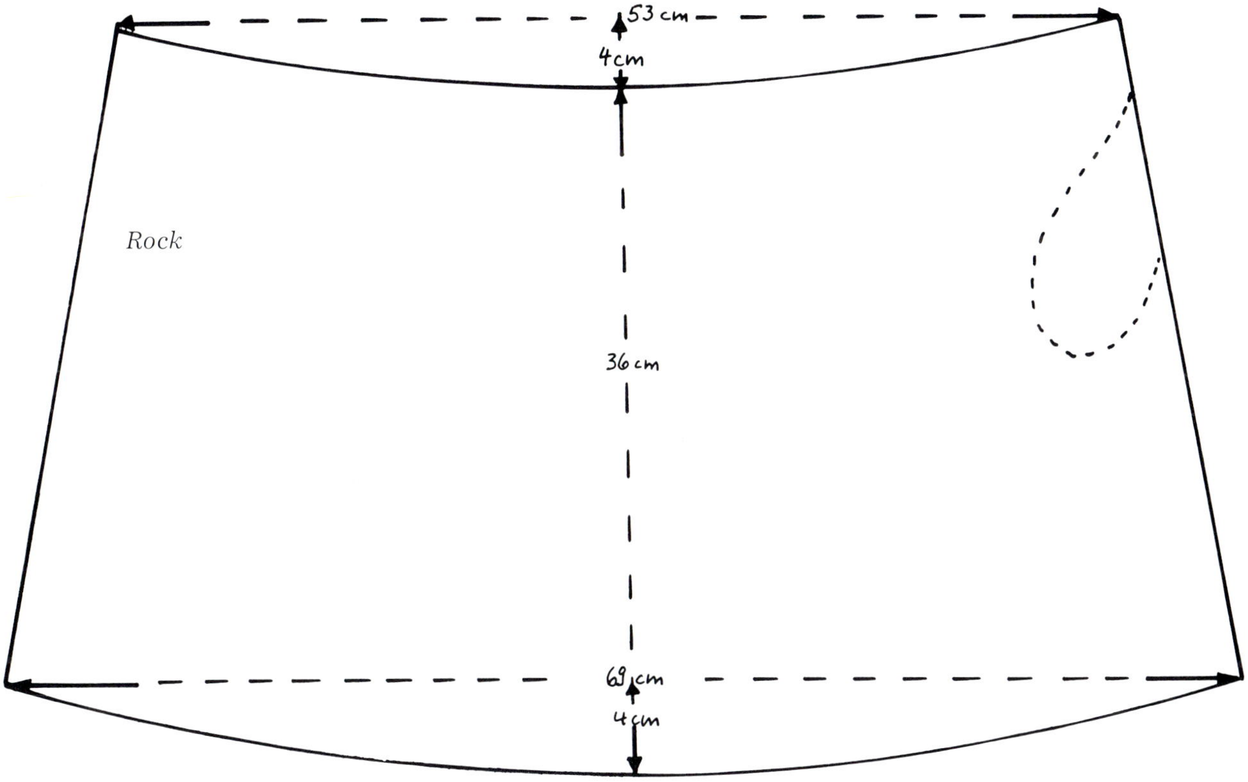

D
B
E
A
C

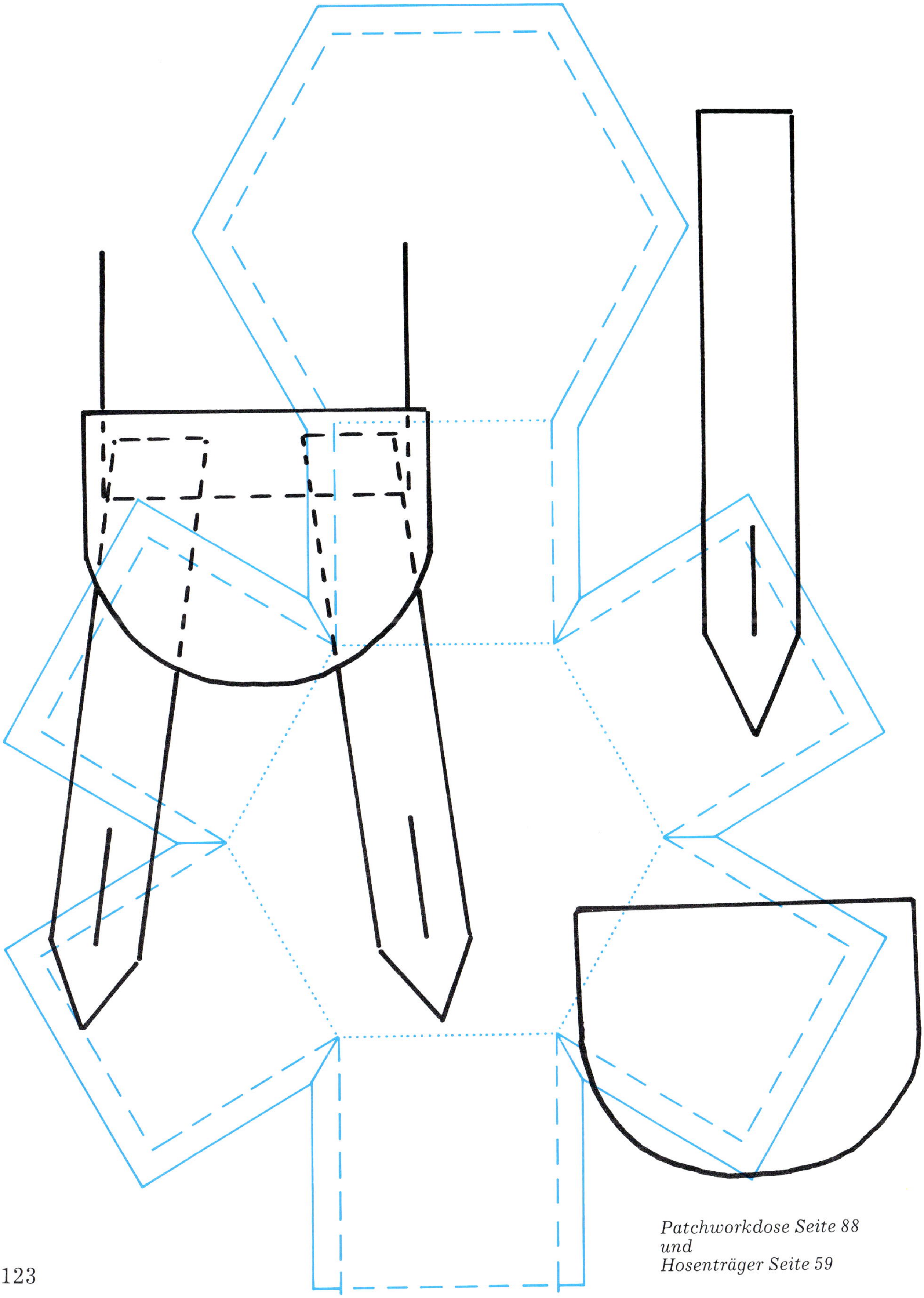

Patchworkdose Seite 88
und
Hosenträger Seite 59

Stickvorlage für Brillenetui Seite 41

Seidenschal Seite 39

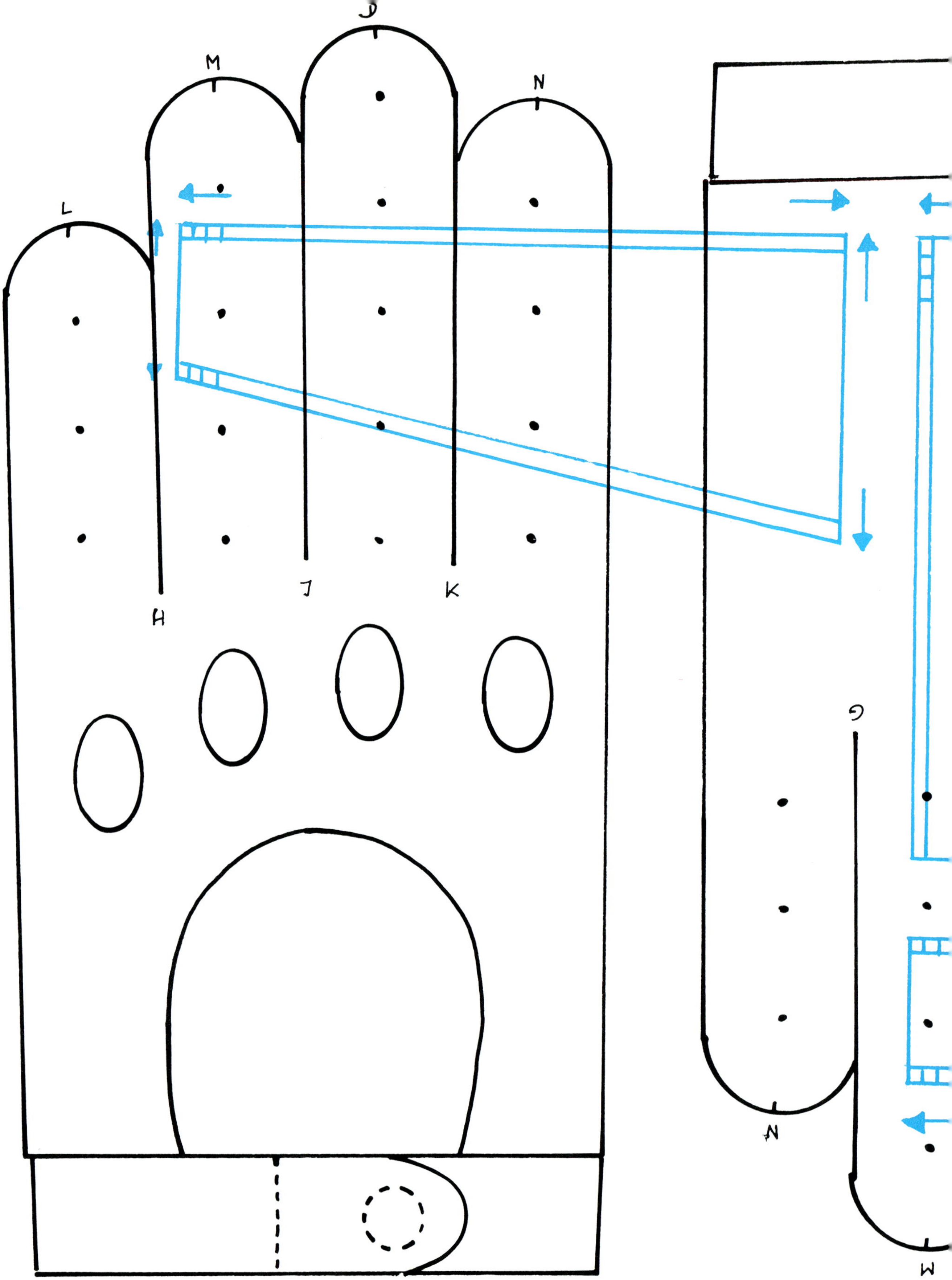
J
M
N
L
H
J
K
G
N
M

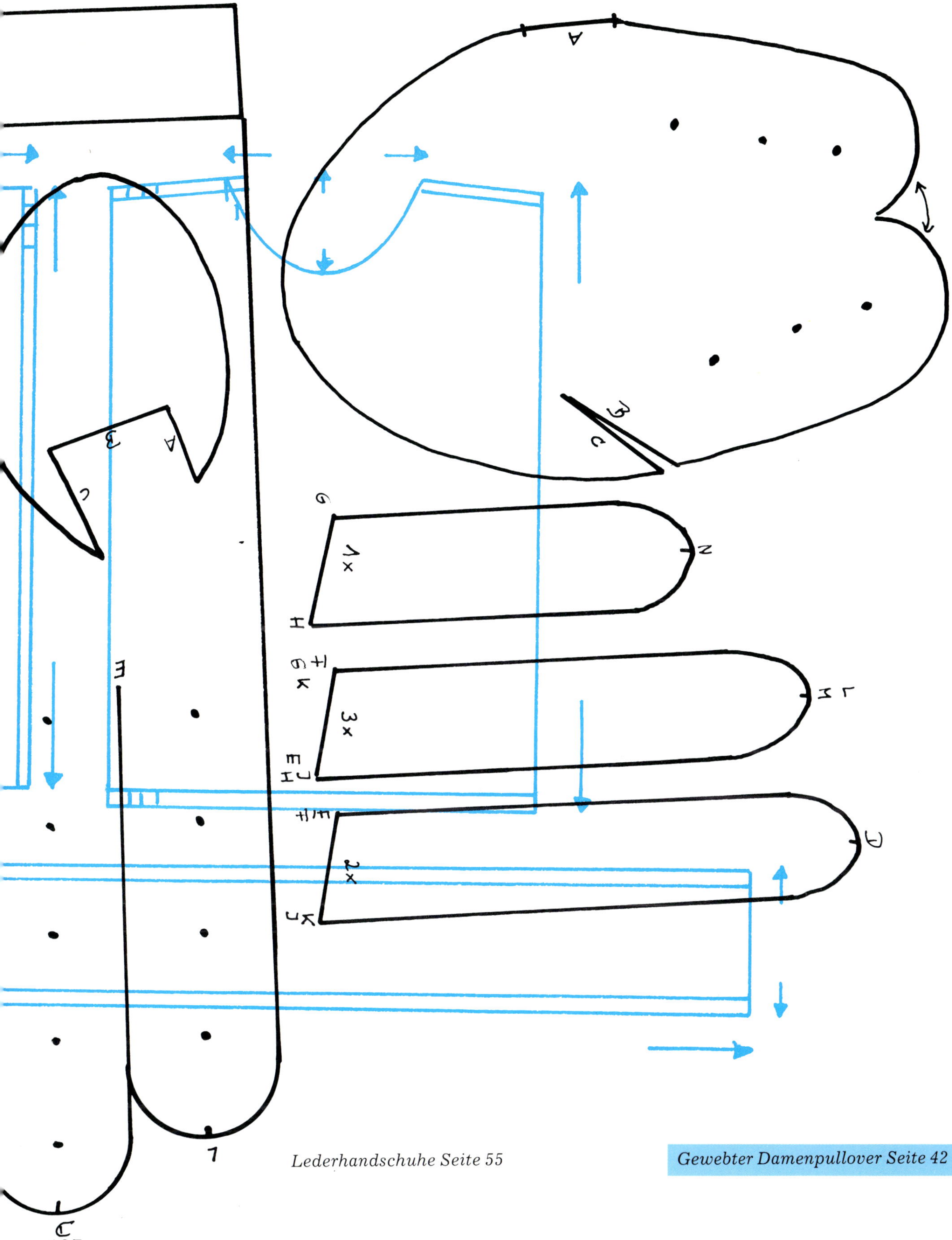

Lederhandschuhe Seite 55

Gewebter Damenpullover Seite 42

Bildnachweis und Autorenverzeichnis

Seite	Foto	Zeichnungen	Autor
8/9	Burock	Dähler	Ebert
10/11	Burock	Dähler	Staub-Wachsmuth
12/13	Burock	Wenzelburger	Wenzelburger
14/15	Falkenarchiv		
16/17	Falkenarchiv		
17	Burock		Wenzelburger
18/19	Burock	Wenzelburger	R. Hoffmann
20/21	Falkenarchiv		
22/23	Falkenarchiv		
23	Burock	Dähler	
24/25	Falkenarchiv		
26/27	Falkenarchiv		
28/31	Burock	Wenzelburger	B. Hofmann
32/33	Burock	Wenzelburger	Wenzelburger
34	Burock	Dähler	B. Wehrle
35	Schoeller	Dähler	Schoeller-Atelier
36	Burock	Dähler	Schoeller-Atelier
37	Burock		
38	Kreul		Kreul-Atelier
39	Burock	Wenzelburger	Wenzelburger
40	Falkenarchiv		Kreul-Atelier
41	Falkenarchiv		
42/43	Burock	Wenzelburger	Wenzelburger
44/45	Burock	Schoeller	Schoeller-Atelier
46	Burock	–	Austermann-Atelier
47	Burock	–	Austermann-Atelier
48/49	Burock	Dähler	Wenzelburger
50/51	Burock	Dähler	Offray über Cremer
52	Falkenarchiv		
53	Burock		
54	Burock	Dähler	Schulz
55	Burock	Wenzelburger	Haru-Kuraray-Atelier
56	Falkenarchiv		
57	Burock	–	Offray über Cremer
58	Pfaff	Dähler	Pfaff-Atelier
59	Burock	Wenzelburger	textilwerkstatt
60	Burock	Wenzelburger	Wenzelburger
61	Wenzelburger	–	Wenzelburger
62/63	Falkenarchiv		
64	Burock		
65	Burock	Wenzelburger	textilwerkstatt
66/67	Burock	–	Westphal-Atelier
68/69	Burock	–	C. Fischer
70	Burock	–	Ebert
71	Burock	–	Rayher-Atelier
72/73	Roedel	–	Wolle-Roedel
74	Burock	Wenzelburger	Wenzelburger
75	Burock	–	textilwerkstatt
76	MEZ	MEZ	MEZ-Atelier
77	Zweigart	Zweigart	Zweigart-Atelier
78	MEZ	Dähler	MEZ-Atelier
79	Burock	Dähler	Staub-Wachsmuth
80	Pfaff	Pfaff	Pfaff-Atelier
81	MEZ	MEZ	MEZ-Atelier
82	Burock	Dähler	J. Mandler
83	Burock/ Wenzelburger	–	Wenzelburger
84	Burock	–	Westphal-Atelier
85	Burock	–	Wenzelburger
86	Burock	Dähler	E. Deiser
87	Burock	Wenzelburger	textilwerkstatt
88	Burock	Dähler	Staub-Wachsmuth
89	Wenzelburger		Wenzelburger
90	Burock	Wenzelburger	Staub-Wachsmuth
91	Falkenarchiv		
92	Jahreszeiten-Verlag, Hamburg		
93	Burock	–	textilwerkstatt
94	Burock	–	Schoeller-Atelier
95	Burock	–	Wenzelburger
96/97	Zweigart		
98/99	Zweigart	Zweigart	Zweigart-Atelier
100/101	Zweigart	Zweigart	Zweigart-Atelier
102	Burock/ Wenzelburger	–	Wenzelburger
103	Wenzelburger	Dähler	Wenzelburger
104	Falkenarchiv		
105	Burock	Wenzelburger	textilwerkstatt
106/107	MEZ	MEZ	MEZ-Atelier
108	Falkenarchiv		
109	Wenzelburger	–	Wenzelburger
110/111	Burock	–	Schoeller-Atelier
112/115	Falkenarchiv		

Adressenverzeichnis

Austermann Wolle
Wuppertal 1

Rolf Dähler
Bad Schwalbach

Erika Deiser
Ruhpolding

Irene Ebert
Schifferstadt

Christine Fischer
Remshalden

Haru-Kuraray
Wetzlar

Renate Hoffmann
Hüttenfeld

Birgit Hofmann
Wuppertal

Kreul
Forchheim

MEZ
Freiburg

Offray Bänder
Cremer KG
Köln 51

Photo-Design-Studio
Gerhard Burock
Wiesbaden-Naurod

Pfaff
Karlsruhe

Rayher
Laupheim

Wolle Roedel
Freiberg

Schoeller Wolle
Eitorf

Brigitte Staub-Wachsmuth
Zürich

textilwerkstatt
Hannover

Bärbel Wenzelburger
Stuttgart

Bertl Wehrle
Lenzlirch

Westphal
Karbach

Zweigart
Sindelfingen

Pumuckl (Seite 18) mit freundlicher Genehmigung der Buchagentur, München. Puppen nach Pumuckl von Ellis Kant.